从碎片到整体

基于学生发展的小学音乐作业设计探究

陈小静——著

海峡出版发行集团 | 海峡文艺出版社

图书在版编目(CIP)数据

从碎片到整体：基于学生发展的小学音乐作业设计探究 /陈小静著. —福州：海峡文艺出版社,2024.7
ISBN 978-7-5550-3759-0

Ⅰ.G623.712

中国国家版本馆 CIP 数据核字第 2024VK7117 号

从碎片到整体
　　　　——基于学生发展的小学音乐作业设计探究

陈小静　著

出 版 人	林　滨
责任编辑	邱戊琴
出版发行	海峡文艺出版社
经　　销	福建新华发行(集团)有限责任公司
社　　址	福州市东水路 76 号 14 层　　邮编　350001
发 行 部	0591－87536797
印　　刷	福建新华联合印务集团有限公司
厂　　址	福州市晋安区福兴大道 42 号
开　　本	720 毫米×1010 毫米　1/16
字　　数	160 千字
印　　张	9.25
版　　次	2024 年 7 月第 1 版
印　　次	2024 年 7 月第 1 次印刷
书　　号	ISBN 978-7-5550-3759-0
定　　价	42.00 元

如发现印装质量问题,请寄承印厂调换

目 录

第一章

小学音乐作业设计的当下情况

第一节 当前的政策环境

一、增加中华文化自信

党的二十大报告中指出：加快建设教育强国、科技强国、人才强国，坚持为党育人、为国育才。《义务教育艺术课程标准（2022版）》（下文简称"新课标"）在课程理念中明确指出，坚持以美育人，学习和领会中华民族艺术精髓，增强中华民族自信心与自豪感。

小学音乐与加强学生文化自信之间存在着密切的联系。音乐作为一种文化表达形式，可以帮助学生深入了解和体验中华文化传统，从而增强他们对中华文化的认同感和自信心。通过小学音乐课程，学生可以接触到丰富多样的音乐作品，包括传统民歌、古典音乐、民间音乐等，这些音乐作品蕴含着丰富的文化内涵和历史背景，学生通过学习和演奏它们，可以深入了解中华民族的音乐传统，感受中华文化的独特魅力；通过参与校园活动等，可以亲身体验和展示中华文化的魅力和多样性。音乐作为一种艺术形式，可以帮助学生表达自己的文化观点和情感体验。学生可以通过创作音乐、演唱歌曲等方式，将自己对文化的理解和感悟融入音乐中。这样的创作和表达过程，不仅培养了学生的创造力和表达能力，还增强了他们对中华文化的自信心和自豪感。因此，小学音乐教育在加强学生文化自信方面起着重要的作用。通过音乐的学习和实践，学生能够深入了解和体验中华文化传统，增强对中华文化的认同和自信心，从而为他们自身的全面发展奠定坚实的基础。

首先，小学音乐可以通过传统音乐教育来加强学生对本土文化的认知和理解。在音乐课堂上，教师可以引导学生学习本土传统音乐（如民歌、民乐等），通过学习，让学生感受到本土文化的独特性和丰富性，增强对本土文化的自豪感和自信心。通过学习本土传统音乐，学生可以了解音乐作品背后的文化内涵和历史背景，可以学习民歌的歌词和故事情节，可以了解民乐的演奏技巧和乐器构造。

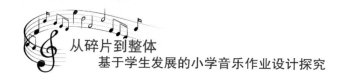
通过亲身体验和作品演绎，学生可以更加深入地感受文化的独特之处。通过演奏传统乐器、合唱民歌等方式，学生可以将自己与传统音乐相融合，感受音乐带来的情感共鸣和文化认同。此外，小学音乐教学还可以通过举办文化活动和音乐比赛等形式，进一步加强学生对本土文化的认知和理解。学校也可以组织活动，让学生有机会展示自己对本土音乐的理解和表达，这样不仅能够激发学生的创造力和表演能力，还能够增强学生对本土文化的自豪感和自信心。

其次，小学音乐可以通过多元文化音乐教育来拓宽学生的文化视野和文化认知。在音乐课堂上，教师可以引入不同国家和地区的音乐作品，让学生了解和欣赏其他文化的音乐。通过学习多元文化音乐，学生可以拓展自己的文化视野，增加对其他文化的尊重和理解，从而培养跨文化交流的能力，提升自己的文化自信心。通过学习多元文化音乐，学生可以接触到不同风格和表达方式的音乐作品，可以欣赏到来自不同文化背景下的音乐，可以感受到不同文化所表达的情感、价值观和审美标准的差异，可以通过模仿和表达培养自己对多元文化的敏感性和理解力。多元文化音乐教育还可以通过组织文化交流活动来促进学生之间的互动和交流。学生可以分享自己喜欢的音乐作品，介绍相关文化背景，与其他同学一起欣赏和讨论不同文化的音乐，学生在交流中可以互相学习和启发，增进对其他文化的认知和尊重，培养跨文化交流的能力，从而发现中华文化之优点，增强文化自信。

再次，小学音乐可以通过创作与表演来培养学生的自我表达能力和自信心。音乐创作是学生将自己的思想和情感转化为音乐作品的过程，通过创作自己的音乐作品，学生可以表达自己独特的文化观点和情感体验，增强对文化的自我认同和自信心。音乐创作是学生发挥创造力和想象力的过程，学生可以通过编写歌曲、创作曲调、设计音乐结构等方式，将自己的思想和情感融入音乐中；也可以选择表达自己对文化、自然、友谊等主题的独特见解，通过音乐作品传达自己的声音。这种创作过程不仅培养了学生的音乐才能，还激发了他们的创造力和自我表达的勇气。音乐表演是学生展示自己音乐才能和个人风采的机会，通过在舞台上展示自己的音乐技巧和表演能力，学生可以获得肯定和自信心的提升。在音乐表演中，学生需要展示自己的音乐技巧、舞台表现力和自信心，可以通过乐器独奏、合唱、乐队演奏等形式展示自己的音乐才能，于此过程中，学生需要克服紧张和压力展现自己，在观众的认可和赞赏中提升自信，相信自己在音乐领域的能力和潜力。这将为学生的综合发展和未来成长奠定坚实的基础。

二、"双减"政策的影响

2021 年 7 月，中共中央、国务院办公厅颁布了《关于进一步减轻义务教育阶段学生作业负担和校外培训负担的意见》，这一政策（即"双减"政策）的出台是为了减轻学生过重的学业负担，促进学生全面发展。2023 年 2 月，中共中央、国务院印发了《质量强国建设纲要》，明确提出建设高质量教育体系、健全质量政策制度，将质量内容纳入中小学义务教育的要求。2023 年 10 月，中共中央、国务院印发《关于深化教育教学改革全面提高义务教育质量的意见》，提出增强美育熏陶，实施学校美育提升行动，严格落实音乐、美术、书法等课程，结合地方文化设立艺术特色课程。这三份文件的颁布，旨在促进学生全面健康发展，对减轻学生过重作业负担、提升教育教学质量提出了要求，也为教育改革发展指明了方向和目标，在逐步细化中明确了义务教育减负、提质、增效的要求。

在小学音乐教学方面，这意味着需要重新审视小学音乐作业的设计和布置。根据"双减"政策的要求，小学音乐作业设计应注重培养学生的实践能力和兴趣爱好，避免过度强调书面作业和机械记忆，可以更加注重学生的亲身参与和创造性表达，如设计一些音乐实践任务，让学生通过演奏乐器、合唱歌曲或创作音乐等方式，积极参与音乐活动中去，培养他们的音乐技能和表演能力；可以注重培养学生的音乐欣赏能力和文化素养，引导学生欣赏不同类型和风格的音乐作品，通过听音乐、观看音乐视频等方式，让学生感受到音乐的美妙和多样性；还可以设计一些与音乐相关的文化探究作业，让学生了解不同国家和地区的音乐文化，拓宽他们的文化视野。

《质量强国建设纲要》与《关于深化教育教学改革全面提高义务教育质量的意见》两份文件为小学音乐教学提供了新的思路和方向。通过重新审视音乐作业的设计，教师可以更好地促进学生的全面发展，培养他们的实践能力、兴趣爱好和文化素养，让音乐教育成为学生快乐学习的一部分。在设计音乐作业时，教师可以注重培养学生的实践能力，通过设计一些具有实践性质的作业，如演奏乐器、合唱歌曲、编排舞蹈等，让学生亲身参与音乐活动，锻炼他们的音乐技能和表演能力。这样的作业设计不仅能够培养学生的音乐才能，还能够增强他们的自信心和创造力。教师也可以注重培养学生的兴趣爱好，鼓励学生

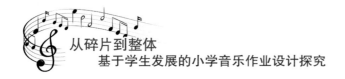
选择自己感兴趣的音乐作品进行欣赏、研究和表演，引导学生根据自己的喜好选择不同类型和风格的音乐，从中汲取乐趣和灵感。这样的作业设计能够激发学生对音乐的热爱，让他们在学习中保持积极的态度和足够的动力。教师还可以注重培养学生的文化素养，将音乐作业设计成让学生欣赏和研究不同国家和地区的音乐作品，了解作品背后的文化内涵和历史背景，通过学习多元文化音乐，让学生拓宽文化视野，增加对其他文化的尊重和理解。这样的作业设计能够培养学生的跨文化交流能力，提升他们的文化自信心。

作为一线教师，面对新的政策要求，需要创新方法来设计音乐作业。随着教育政策的不断调整和学生需求的变化，音乐作业设计需要适应新的要求，以促进学生在音乐学习中的全面发展。音乐作业设计面临的主要挑战之一就是如何激发学生在音乐学习中的兴趣。小学生对音乐的感兴趣程度各不相同，因此作业设计需要考虑如何激发学生的兴趣，促使他们主动参与音乐学习。学生在音乐学习中需要接触不同类型的音乐作业，设计多样化的作业任务可以激发学生的学习兴趣，提高他们的参与度和学习效果。如何在作业设计中平衡不同的任务难度和学习目标，是一个需要认真考虑的问题。比如，可以通过选择学生喜爱的音乐风格相关的作业内容，或者设计一些富有趣味性和创造性的作业任务，借此激发学生的兴趣和积极性。如何合理安排作业时间也是音乐作业设计的主要挑战之一。小学生的学习时间有限，他们需要在繁重的学业负担中安排合理的音乐作业时间，因而作业设计应该考虑学生的学习进度和时间安排，避免过多的作业量给学生造成压力，保证学生完成作业的质量和学习效果。评价的科学性亦是音乐作业设计的主要挑战之一。传统的评价方式难以全面评估学生在音乐学习中的表现和成果，因而作业设计应该结合科学的评价方法，如综合评价、自我评价、同伴评价等，以更准确地了解学生的学习和进步情况。针对这些挑战，音乐教师需要不断探索、创新作业设计方法，以更好地促进学生在音乐学习中的全面发展。

目前作业设计的主要方法有三。一是通过提高作业的质量来减少数量。音乐作业可以更加注重学生的音乐表达和创造能力的培养，鼓励学生通过作业展示自己的音乐才华和个性，这样一来，学生可以在较少作业量的情况下，更深入地参与音乐学习，提高学习效果。二是将音乐作业与实践相结合。音乐是一门实践性很强的学科，让学生参与音乐演奏、合唱、舞蹈等实践活动，可以增强他们对音乐的理解力和体验感。因此，在设计音乐作业时，可以引入实践性任务，让学生在实际操作中学习音乐知识和技能。三是个性化的作业设计。每个学生都有自己的兴趣和特长，在布置音乐作业中，可以根据学生的个性和能力差异，设计不同的任务和要求，这样一来，每个学生都可以在自己擅长的领域发挥优势，提高学习动力和成就感。

"双减"政策的出台为小学音乐教学带来了新的机遇和挑战。通过重新审视音乐作业的设计，教师可以创造更多有意义的学习机会，让学生在快乐中感受音乐的魅力，促进他们全面发展，提高他们的文化自信心。通过注重实践能力和兴趣爱好的培养，音乐作业可以成为学生探索、表达和展示自己的平台。学生可以通过演奏乐器、合唱歌曲、创作音乐等方式，积极参与到音乐活动中去，发展自己的音乐才能和表演技巧，从而不仅能够培养学生的音乐能力，还能够激发他们的创造力和想象力。同时，注重文化素养的培养，可以帮助学生了解和欣赏不同国家和地区的音乐作品，拓宽他们的文化视野，增加他们对其他文化的尊重和理解，培养他们的跨文化交流能力。

三、新课标对作业的要求

新课标明确指出："提升作业设计质量，增强针对性，丰富类型，合理安排难度。"这一指导方针对于发挥音乐学科的影响力，提升学生多领域综合素养具有重要意义，也对音乐教学纵向内部联系与横向学科间联系提出了更高的要求。首先，新课标强调了音乐与其他艺术学科的综合。这使得音乐教学不再仅限于独立的音乐内容，而是与舞蹈、戏剧、影院艺术等姊妹艺术相互融合，从而促进学生对不同艺术形式的理解和欣赏，培养他们的审美意识和创造力。例如，在音乐作业中可以引入舞蹈元素，让学生通过音乐与舞蹈的结合，感受音乐的节奏和情感，并通过创作表达自己的感受。这样的综合性作业设计可以激发学生的创造力和想象力，培养他们在多个艺术领域的综合素养。其次，新课标要求作业设计具有针对性、丰富多样等特点。作业不应该只是简单的练习和应用，而是要根据学生的学习需求和兴趣进行个性化设计。音乐作业可以包括听音乐欣赏、乐器演奏、歌曲创作等多个方面，以满足学生的不同需求和兴趣，设计时可以根据学生的能力水平和学习目标，合理安排难度，逐步引导学生提升自己的音乐技能和表现能力。例如，针对初学者可以设计简单的乐器演奏作业，让他们通过练习乐器，培养音乐表达能力和手眼协调能力；对于水平

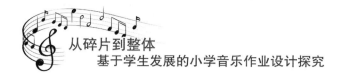

较高的学生，可以设计创作歌曲的作业，让他们通过创作音乐作品，展现个人的风格和创造力。通过丰富多样的作业设计，学生可以在不同领域中发展自己的音乐才能，提升多领域综合素养。再次，新课标还要求音乐教学要注重纵向内部联系与横向学科间的联系。这意味着音乐教学不仅要关注音乐本身的知识和技能，还要与其他学科进行有机结合，促进跨学科的学习和思维发展。例如，在音乐作业中可以引入数学元素，让学生通过音乐节奏与拍子的计算，培养数学思维和逻辑推理能力；或者与历史学科结合，让学生通过学习音乐史和音乐文化，了解不同时期和地区的音乐发展情况，培养历史意识和文化素养。通过这样的横向学科联系，学生可以更加全面地理解和应用音乐知识，拓宽学科视野和思维方式。可见，在实施新课标的过程中，教师可以积极探索、创新作业设计方法，为学生提供更丰富、有趣、具备挑战性的音乐作业，激发他们对音乐的热爱和探索欲望，促进他们全面发展。

我们不妨做进一步的阐述。如音乐的跨学科综合。其一，音乐与其他艺术学科的综合，可以拓宽学生的艺术视野，提升学生的综合素养。音乐作为一门艺术形式，与舞蹈、戏剧、视觉艺术等艺术形式之间存在着紧密的联系，将音乐与这些姊妹艺术相互融合，可以帮助学生更加全面地理解艺术的多样性和丰富性。例如，在音乐作业中引入舞蹈元素，让学生通过音乐与舞蹈的结合，体验音乐的节奏与情感，并通过舞蹈表达展现他们的创造力。这样的综合性作业设计可以培养学生对不同艺术形式的欣赏和理解能力，拓宽他们的艺术视野。其二，音乐与艺术之外的其他学科综合，如与语言、数学、科学等学科进行有机结合，形成跨学科的教学模式，可以帮助学生更好地理解和应用所学知识，提高学生的学科综合能力。例如，在音乐作业中可以结合语言学科，让学生根据音乐创作歌词，培养他们的语言表达能力和创造力；或者结合数学学科，让学生通过音乐节奏与拍子的计算，培养他们的数学思维能力。新课标对音乐教学提出了更高的要求，要求音乐与姊妹艺术综合，与其他学科综合，以发挥音乐学科的影响力，提升学生的多领域综合素养，为音乐教学的纵向内部联系和横向学科间联系提供了新的发展方向。教师们应积极探索适合的教学方法和策略，以更好地落实新课标的要求，为学生提供丰富多彩的音乐教育内容，培养出更具综合素养的学生。音乐教育将成为培养学生综合素养的重要途径之一，为他们的未来发展奠定坚实的基础。

因此，在设计小学音乐作业时，教师们应该充分考虑国家相关政策和课程标准的要求，需要从单一领域中脱离出来，将不同艺术形式和学科进行立体组合，以促进学生的综合素养发展。这包括作业的难度、类型、安排和评价等多个方面。第一，作业设计应根据学生的年龄特点和学习能力，合理安排难度，确保学生能够理解和完成。第二，作业类型应多样化，涵盖音乐欣赏、乐器演奏、歌曲创作等不同方面，以满足学生的多样化需求和兴趣。第三，作业设计应注重综合性，不局限于音乐本身，还应与其他艺术形式和其他学科结合。第四，作业设计应促进学生的全面发展，除了音乐技能和知识的培养，还应关注学生的德育、智育、体育、美育和劳动教育，通过音乐作业培养学生的情感表达能力、思维能力、身体协调能力、审美能力和实践能力。例如，在音乐作业中可以引导学生参与集体合唱或乐队演奏，培养他们的团队合作精神和责任意识。又如，组织音乐欣赏活动，让学生通过欣赏不同类型的音乐，培养他们的审美情趣和文化素养。

在"五育融合"和培育核心素养的当下，有一项显得特别重要，那就是音乐作业不仅要关注学生的音乐技能和知识，而且要注重培养学生的审美能力、创造力、表达能力和合作意识。其一，音乐作业设计可以促进学生的审美能力的培养。通过欣赏不同类型的音乐作品，学生可以培养对音乐的感知和理解能力，提高对美的感知力，学会欣赏音乐中的情感表达和艺术特点，从而培养出独立的审美观点和品味。其二，音乐作业可以引导学生分析音乐作品的结构、表现手法和情感传达，培养他们的音乐鉴赏能力。通过反复欣赏和分析，学生可以逐渐形成自己的审美标准，并学会欣赏不同风格和流派的音乐作品。其三，音乐作业设计可以培养学生的创造力和表达能力。音乐是一种表达情感和思想的艺术形式，如可以设计创作歌曲的作业，让学生在编写歌词和谱曲中表达情感和思想；可以发挥创造力，创作属于他们的音乐作品；也可以引导学生通过乐器演奏、合唱等方式，用音乐表达情感和思想，提高他们的音乐表达能力。其四，音乐作业设计可以培养学生的合作意识。音乐作为一种团队性的艺术形式时，合作是其中不可或缺的一部分。音乐作业可以设计合唱、乐团演奏等集体合作的形式，让学生在音乐作业中体验团队合作的重要性。例如，可以组织学生参与合唱团或乐团的演出，让他们学会与他人合作演奏和协调表演。通过音乐作业中的合作，学生可以学会倾听他人、相互配合和互相支持，培养团队意识和合作精神。这样的合作体验不仅可以提高学生的音乐表演水平，还可以培养他们的社交能力和团队合作能力。其五，音乐作业可以为学生提供创造的

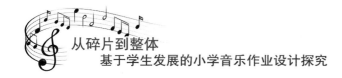
空间和平台，让他们尝试不同的创作方式和表达形式。学生可以通过创作音乐作品、编排舞蹈、表演戏剧等方式，展现自己独特的创意和表达方式。这样的作业设计鼓励学生勇于表达自己的想法和情感，培养了学生的艺术表达能力和自信心，展现了他们各自独特的艺术创意、表达方式、内心情感和思考。

可以说，综合性的音乐作业设计能够全面培养学生的德智体美劳等素养，提升他们在音乐学习中的综合能力和素质。首先，综合性的音乐作业设计能够促进学生的德育素养。音乐作业不仅是技能的培养，而且是涵养学生的道德情操和品格修养。通过音乐作业，学生可以感受音乐的美好和情感表达，培养对音乐艺术的热爱和敬畏之心。在合作和创作的过程中，学生需要尊重他人、合作共赢，培养出团队合作、互助友爱的品质。通过选取具有积极向上主题的音乐作品，可以引导学生树立正确的价值观和人生观，培养学生的社会责任感和公民意识。其次，综合性的音乐作业设计有助于提升学生的智育素养。音乐作业要求学生进行音乐分析、创作和表演，需要学生运用批判性思维、创新思维和问题解决能力。在音乐作业中，学生需要分析音乐作品的结构、风格和情感表达培养音乐鉴赏能力和批判思维，需要运用创造性思维并通过创作和表演展示自己的想法和创意，这样的智育培养有助于学生的综合素质提升，培养学生的创新能力和问题解决能力。再次，综合性的音乐作业设计还能够促进学生的体育素养。音乐作业可以设计舞蹈、身体表演等形式，要求学生通过身体的运动和表现来展示音乐的节奏和情感，从而不仅锻炼了学生的身体协调能力和灵活性，培养了舞台表现力和自信心，还让学生能够感受到音乐和身体的完美结合，培养艺术表达能力和审美意识。最后，综合性的音乐作业设计有助于培养学生的劳动素养。音乐作业需要学生进行创作、排练和表演等，学生在付出辛勤的努力中体验到劳动的价值和成果，培养了勤劳精神和毅力。在合作和团队活动中，学生学会分工合作、互相支持，培养了劳动合作精神和责任感，有助于学生形成积极向上的人生态度和工作态度。

因此，小学音乐作业设计的重要性不可忽视。我们应该充分认识到音乐作业设计对学生综合素养发展的重要作用，并根据国家政策要求和新课标的指导，设计具有挑战性和启发性的音乐作业，注重培养学生的创造力、表达能力、合作意识和社交能力；通过多样化的作业设计，激发学生对音乐的兴趣和热爱，提升他们的综合能力和素质水平，为他们未来的学习和生活奠定基础。

第二节 小学音乐作业设计的现状

目前，负担稍重是小学音乐作业设计中的一个普遍问题。由于小学生的学业压力不小，他们需要在各个学科中完成大量的作业，包括音乐作业，可能涉及听音乐、写歌词、作曲、演奏乐器等，得投入大量时间和精力，过多的作业负担会使他们感到压力过大，无法真正享受音乐的乐趣。在当前教育环境下，应试成为评价学生能力的主要标准，音乐作业也不例外。小学音乐作业设计往往倾向于应试导向，注重对音乐知识的记忆和应用，忽视了培养学生音乐表达和创造能力的重要性。这种应试倾向使得小学生将音乐作业看作是一种任务，而非一种创造性的表达方式。我们应该鼓励学生通过作业展示自己的音乐才华和个性，培养他们对音乐的热爱和创造力。

因此，我们需要重新审视作业的数量和难度，确保作业的合理性和可行性，减轻学生的学习负担。首先，音乐作业应该设计得更加灵活多样，充分考虑学生的兴趣和特长。例如，可以鼓励学生选择自己喜欢的音乐曲目进行演唱或演奏，并鼓励他们加入自己的创意和个性化元素；可以鼓励学生选择自己感兴趣的音乐领域进行深入学习和探索，例如流行音乐、古典音乐、民族音乐等；可以提供一些个性化的作业选项，让学生根据自己的兴趣和特长进行选择和展示。这样的设计不仅能够激发学生的创造力，还能够提高他们的音乐表达能力和艺术鉴赏能力。其次，音乐作业设计要注重学生的音乐欣赏和理解能力培养。可以引导学生通过听音乐、观看音乐表演等方式，深入了解不同风格和流派的音乐作品，培养他们的音乐鉴赏能力和理解力；或设计一些有趣的听音乐任务，让学生通过欣赏音乐作品来表达自己的感受和理解；或引导学生学习音乐的历史背景和文化意义，培养他们对音乐的深入理解和欣赏能力。再次，音乐作业设计应注重培养学生的合作精神和团队意识。可以设计一些合作性的音乐作业，让学生在小组中共同完成音乐创作、合唱或乐器演奏等任务。

目前，小学音乐作业中存在的问题可以概括为"四个脱节"。

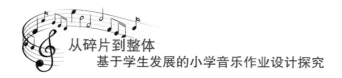

一、作业与教学脱节

小学音乐作业设计中存在的作业与教学脱节的问题，主要表现在课堂中教师与学生的共同研究与课后作业之间缺乏联系，导致学生对音乐知识的理解和应用等能力得不到有效的提升。首先，课堂中教师与学生的共同研究往往是在一个有结构的环境下进行的，教师通过引导和讲解，帮助学生理解音乐的概念、技巧和表达方式，当学生完成课堂作业时，往往面临着独立思考和应用知识的挑战，因作业设计与课堂教学内容没有充分衔接，学生可能会感到困惑，无法将所学的知识和技能有效地运用到作业中。其次，教师指导与反馈的不足。在课堂上，教师可以及时纠正学生的错误，给予指导和建议；在作业完成后，学生往往只能依靠自己的理解和能力来完成作业，缺乏及时的反馈和指导，无法及时发现和纠正自己的错误，从而无法得到有效的提升。

为解决作业与教学脱节的问题，有以下三条建议：

1. 加强作业设计的连贯性

作业设计的连贯性是解决作业与教学脱节问题的关键。在课堂教学中，教师与学生共同研究音乐知识和技能，但如果作业设计与教学内容没有紧密衔接，学生很难将课堂所学的知识应用到作业中，因此，作业设计应该与教学内容相呼应，有明确的目标和任务，使学生能够在作业中运用所学的知识和技能。一方面，作业设计应该与课堂教学内容有紧密的联系。教师在课堂上引导学生进行实践和探究，培养他们的音乐技能和理解能力，相应的作业设计应该是对课堂学习的延伸和巩固，通过设计与教学内容相关的任务和问题，激发学生的学习兴趣和动力。例如，在学习音乐节奏的课堂上，作业可以设计成让学生创作自己的节奏乐曲，运用所学的节奏知识进行实践。另一方面，作业设计应该具有明确的目标和任务。教师要让学生清楚作业的目的是什么，要达到什么样的要求，从而帮助学生有针对性地进行学习和实践。

2. 加强教师的指导与反馈

教师的指导与反馈也是解决作业与教学脱节问题的重要环节。教师在布置作业后，应该给予学生明确的指导和要求，帮助他们理解作业的目的和要求。通过清晰的指导，学生能够明确作业的要求和学习目标，从而更好地完成作业任务。在学生完成作业后，教师应该及时给予反馈和指导。通过对学生作业的评价和批注，教师可以帮助学生发现问题和不足之处，提供具体的建议和指导，促进学生能力的提高。教师的反馈可以是口头的，例如在课堂上进行讨论和点评；也可以是书面的，例如批改作业并给予具体的评语和建议；还可以是线上的，例如借助网络平台或聊天工具给予在线指导。

3.培养学生的自主学习能力

作业设计应该培养学生的自主学习能力。学生在完成作业的过程中，应该有一定的自主选择和探索的空间，激发他们的学习兴趣和创造力。教师可以提供一些开放性的问题或任务，给予学生一定的自主权，鼓励学生进行独立思考和探究，让他们可以根据自己的兴趣和能力选择作业的方向和形式。例如，在学习乐器的过程中，教师可以要求学生选择一首自己喜欢的歌曲并进行演奏。这样的作业设计不仅能够激发学生的学习兴趣，还能够培养他们的创造力和表达能力。教师在作业指导和反馈中也应该注重培养学生的自主学习能力，如可以引导学生自主查找和分析音乐资料，提供学习资源和学习方法让学生自主学习，从而帮助学生发展学习策略和解决问题能力。教师不仅仅是传授知识者，更是学生成为主动学习者的引导人。通过培养学生的自主学习能力，作业与教学之间的脱节问题可以得到有效解决。学生在自主学习的过程中能够将课堂所学的知识和技能应用到作业中，形成有机衔接，不仅能够提高对音乐知识的理解和应用能力，还能够培养解决问题能力、创造力和思维能力。

二、作业与课程教学内容脱节

作业与课程教学内容脱节，也是一个常见问题。为了解决这一问题，教师应该做到以下三点：

1.充分了解课程教学内容

在基于学生发展的小学音乐作业设计中，教师应该充分了解课程教学内容，确保作业与所学内容相呼应。教师应根据不同年级和学科的特点，设计不同类型的作业，促进学生对音乐知识的理解和应用能力的培养。例如，可以要求学生完成写作任务，写一篇关于自己喜欢的音乐家或音乐作品的短文，以提升他们的写作表达能力。通过文字的表达，学生可以深入思考音乐的意义和影响，同时锻炼文学素养。教师可以设计口语练习，让学生进行对话或演讲，以提高他们的口语表达和沟通能力。例如，可以组织学生进行小组讨论，让他们分享自己喜欢的音乐风格或音乐家，并进行互动交流。通过口语练习，学生不仅可以表达自己的观点，还可以倾听他人的意见，培养他们的合作精神和团队意识。教师还可以设计一些实践应用的作业，以提升学生的实际应用能力和创新思维。例如，可以要求学生选择一个音乐曲目进行演唱或演奏，并加入自己的创意和个性化元素。通过实践应用，学生可以将所学的音乐知识运用到实际演出中，培养艺术表达能力和创新思维。

2. 充分考虑学生个体特点

在设计作业时，教师应考虑学生的学习差异情况和兴趣特点，灵活调整作业的难度和形式。同时，教师应提供必要的指导和反馈，帮助学生理解作业要求，提高作业的完成质量。在布置作业前，教师可根据不同的学科和教学目标，设计多样化的作业形式，帮助学生在实践中运用所学知识。在布置作业时，教师应提供明确的指导和要求，帮助学生理解作业的目的和要求。在学生完成作业后，教师应及时给予反馈和指导，帮助学生发现问题，获得改进和提高。通过针对性的反馈，学生可以更好地清楚自己的不足，从而进一步提升学习效果。

3. 用心设计长周期的作业

完成作业需要时间和耐心，建议将作业设置为长周期的任务，例如一周或半个月，以便学生有足够的时间去完成。这样的时间安排能够充分考虑到学生在思考、研究和实践方面所需的时间，有利于他们深入理解和掌握学科知识。相比之下，如果要求学生在短时间内完成作业，例如第二天，这样学生可能会感到压力过大，无法充分发挥自己的潜力。只能匆忙完成作业，而无法进行深入的思考和实践，更谈不上发挥潜力。因此，给予学生足够的时间去完成作业，能够提供更好的学习体验和学习效果。长周期的作业安排可以让学生有时间进行充分的准备和计划，有时间进行资料收集、研究和分析，深入思考和探索学科知识的不同方面，从而更好地展示他们的才能和创造力；更进一步，他们还可以进行实践和实验，通过反复尝试和调整，提高自己的技能和理解。长周期的作业安排也能够培养学生的时间管理能力和自主学习能力。学生需要学会合理安排时间，制定学习计划，并按照计划逐步完成作业；需要学会自主学习，主动寻找资源和信息解决问题，培养独立思考和解决问题的能力。这些都是他们未来学习和生活中必备的技能。当然，教师在设置长周期作业时也要注意平衡，避免作业过于烦琐或简单，应该具有一定的挑战性，能够激发学生的学习兴趣和动力。同时，教师应该提供必要的指导和支持，确保学生在作业过程中能够得到必要的帮助和反馈。

三、作业与学生脱节

作业与学生脱节是一个需要关注的问题。学生的学习能力和知识水平会随着年级的增加而逐渐提高，因此，布置作业的内容和形式应当逐级递进。教师应该根据学生的认知水平和发展阶段，合理地布置作业，确保与学生的能力相匹配。如果教师布置与学生认知不匹配的作业，就有可能导致学生不屑于做或难以理解和完成，从而造成作业与学生脱节。

为了解决这个问题，教师可以采取下面一些措施。首先，教师应该了解学生的学习能力和知识水平，通过课堂观察、测验或个别辅导等方式，了解学生的学习情况，更好地把握学生的知识和能力范围，合理地布置作业内容和安排难度。其次，教师应该根据学生的认知水平和发展阶段，逐步提高作业的难度和要求。例如，在小学阶段，作业可以注重基础知识的巩固和简单应用；而在中学阶段，作业可以更加注重思维能力的培养和综合应用。通过逐级递进的作业设计，可以促使学生在学习过程中不断提高，减少脱节的问题。再次，教师可以与学生和家长进行有效的沟通，了解学生对作业的理解程度和完成能力。与家长保持良好的沟通很重要，他们可以提供有关学生学习情况和能力的宝贵信息，通过沟通，教师可以及时调整作业的要求和形式，确保作业与学生的实际情况相匹配；还可以提供必要的指导和支持，帮助学生克服困难，提高作业的完成质量。此外，教师可以在布置作业时提供清晰的指导和解释，确保学生理解作业的目标和要求；还可以安排适当的辅导时间，回答学生的问题，提供额外的学习资源和指导材料。

四、作业与育人脱节

作业与育人脱节也是一个需要关注的问题。作业不仅是学生完成学习任务的工具，还是师生之间交流、沟通和评价的重要形式。然而，个别教师在学生的期末检测中简单粗暴地给予优、良、及格等评价，而忽略了学生在课前的积极探索，在课堂上与教师互动的热情参与，以及课后与同学实践探究的努力。这样的做法，无法实现作业作为师生之间加强反馈评价、实现整体育人的作用。

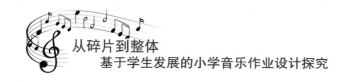
为了解决这个问题，教师需要重新审视作业的目标和意义，应将作业视为一种育人工具，旨在培养学生的自主学习能力、批判思维和合作精神。

教师可以通过以下方式来实现作业与育人目标的结合。首先，教师应该给予学生充分的自主性和选择权，让他们在作业中能够表达自己的观点和创意。这可以通过提供开放性的问题、探究性的任务或项目来实现。教师可以要求学生选择一个感兴趣的话题进行深入研究，并以自己的方式呈现结果，如写一篇论文、制作一个展示板或录制一个视频。这样的作业设计可以激发学生的主动性和创造力，培养他们的自主学习能力。同时，教师应该鼓励学生在作业中展示他们的思考过程和解决问题的方法，而不仅仅关注结果。作业评价不仅应该注重答案的准确性，还应该关注学生的思考过程、解决问题的方法及他们在学习过程中的成长和反思，教师可以要求学生在作业中写下他们的思考过程、遇到的困难及如何克服这些困难的经验。这样的评价方式可以帮助学生发展解决问题思维、自我评价和反思的能力。通过给予学生自主性和选择权，以及关注思考过程和解决问题的方法，教师可以实现作业与育人目标的有机结合，激发学生的学习兴趣和动力，培养他们的创造力、解决问题思维和合作精神。

其次，教师应该与学生建立积极的反馈机制。在批改作业时，教师应该注重给予具体、有针对性的建议和鼓励，帮助学生获得进一步的提高。教师可以指出学生在作业中的优点和不足之处，并提供具体的改进方法和建议，帮助学生理解自己的学习进展，激发学生的学习动力和自信心。教师可以与学生进行个别或小组讨论，深入了解学生在作业中的思考过程，从而了解学生在作业中的困惑和挑战，并提供针对性的指导和支持。教师还可以鼓励学生分享彼此的作业经验和策略，促进同学之间的合作学习和互助精神。及时的反馈和指导，体现了教师的积极参与和关注，可以激发学生的学习兴趣和动力，培养他们的自主学习能力和批判思维能力；同时，学生也能够从中吸取经验，不断改进自己的学习方法和策略，提高作业的完成质量和学习效果。

最后，教师应该与其他教师进行合作和协调。跨学科的合作可以帮助学生将不同学科的知识和技能整合起来，培养综合思考和解决问题的能力。教师们可以一起设计跨学科的作业项目，鼓励学生在不同学科领域中进行综合性的探究和应用。例如，音乐教师可以和语文、科学教师合作设计一个关于环境保护的作业项目，要求学生通过调查研究和实验探究，提出解决环境问题的方案，并以写作、演出或展示的形式呈现。这样的作业任务不仅涉及学生的科学知识和实验技能，还要求他们运用语言表达能力和表演能力，将科学理论与实际问题相结合。此外，教师们还可以定期进行教学研讨会或团队会议，分享作业设计的经验和心得，互相借鉴和启发，共同探讨如何将作业与育人目标更好地结合起来。通过合作和协调，教师们可以不断改进作业设计，提供更丰富、更具有挑战性的学习体验，促进学生的全面发展。

作业与育人的目标是密不可分的。通过重新审视作业的意义，给予学生自主性和选择权，建立积极的反馈机制，以及与其他教师合作和协调，教师可以实现作业的育人价值，促进学生的全面发展。重新审视作业的意义是关键的一步，教师需要认识到作业不仅仅是任务的完成，更是一种促进学生思考、探索和实践的机会。作业不仅仅是一种任务，更是教师与学生之间交流、互动和评价的重要方式，通过合理的设计和有效的实施，作业可以成为促进学生综合素养和能力发展的有效工具。

第三节　小学音乐作业设计的意义

音乐作业不仅仅是学生练习技巧和记忆乐曲的机会，更应该关注学生的整体发展和音乐素养的培养，基于学生发展的小学音乐作业设计具有重要的意义。

一、培养学生的情感表达能力

音乐是一门艺术，它能够激发学生的情感和创造力。设计富有情感的作业，如让学生选择一首喜欢的音乐作品并解释自己的情感体验，或者让学生创作自己的音乐作品表达内心的感受，可以激发学生对音乐的兴趣，培养他们的情感表达能力。音乐作业设计能帮助学生培养合作与沟通能力。在音乐学习中，合作与沟通是非常重要的，设计合作性的作业任务，如让学生合作演奏一首乐曲或合唱一首歌曲，可以促进学生之间的团队合作和协作能力，培养他们的沟通技巧和团队意识。音乐作业设计还能培养学生的审美能力和创新思维。设计欣赏和分析音乐作品的任务，可以让学生学会欣赏音乐的美感和艺术的特色，培养他们的审美能力；鼓励学生进行音乐创作和表演，可以激发他们的创新思维，培养他们的独立思考能力和创造力。

二、促进学生对学科知识的掌握

基于学生发展的音乐作业设计，关注学生对学科知识的掌握情况。音乐作业通过设置适当的练习目标和挑战，可以帮助学生逐步掌握专业知识。例如，要求学生掌握音乐符号的读写和演奏技巧，或者要求学生分析和解释一首音乐作品的结构和表现手法，可以让学生在实践中不断提升他们的音乐技能和知识水平。音乐课提供了许多展示和锻炼的机会，学生在音乐表演中能够展示自己的才华和自信心。音乐作业包括学生进行独奏、合奏或合唱等形式的表演，让学生有机会展示自己的音乐才华和表达能力。音乐作业还包括听音乐、分析音乐作品、了解音乐历史等任务，通过引导学生聆听不同类型和风格的音乐，帮助他们分析音乐元素和结构，了解音乐背后的文化和历史背景，丰富音乐知识。

三、促进学生创新能力的培养

音乐是一个充满创造性和表达性的领域，通过设计开放性的任务或项目，可以激发学生的音乐创新和探索欲望，培养学生的创造力和解决问题能力。例如，可以设计一个音乐创作的作业任务，要求学生自主创作一首音乐作品。在这个过程中，学生需要思考音乐的结构、旋律、和声和节奏等方面，于不断尝试和实验中发掘他们独特的音乐创意。这样的作业设计不仅培养了学生的创造力，还促使他们思考音乐的各个层面，培养了他们的音乐思维模式。又如，可以设计一个音乐项目，要求学生合作创作一部音乐剧或音乐视频。在这个项目中，学生需要从创意构思到演出实践，全方位地参与音乐创作的过程，不仅能培养创新能力，还能锻炼团队合作和沟通能力，提升解决问题的能力。

四、培养学生的自我管理能力

音乐作业设计可以要求学生自主完成作业，这意味着他们需要独立思考、规划和执行任务。在这个过程中，学生需要制定学习计划，安排时间和资源，以确保作业的完成。这样的作业设计鼓励学生主动掌控学习进程，培养他们的自我学习和自我管理的能力。音乐作业设计还可以要求学生评估自己的学习成果。学生可以通过录制演奏作品、写作反思或进行同伴评价来评估自己的音乐表现。这样的评估过程使学生能够客观地审视自己的音乐技巧、知识理解和表达能力，并从中获得反馈和改进的机会。通过反思和自我评估，学生可以提高自我认知和自我反馈的能力，进一步培养自我管理能力。这些能力在学生的整个学习和发展过程中都具有重要的意义，将对他们未来的学习和职业发展产生积极的影响。

五、培养学生的合作精神

音乐作业可以包括合唱团或乐队演奏，让学生在音乐合作中学会倾听、合

作和协调。通过合作演奏或合唱，学生可以培养团队合作的能力，学会互相支持和协作，共同创造美妙的音乐。在合唱团或乐队演奏的作业中，学生需要学会与他人合作，互相协调演奏的节奏、音色和表达，需要倾听其他成员的演奏，与他们保持一致，并在团队中发挥自己的作用。这样的合作过程不仅培养了学生的音乐技能，还促进了他们的团队意识和合作精神。音乐作业还可以设计小组合作的任务，如共同创作一首音乐作品或策划一场音乐表演。在这样的任务中，学生需要分工合作，共同解决问题，展现出团队的创造力和协作能力。通过合作作业，学生不仅学会了在团队中发挥自己的优势，还学会了尊重他人的意见，明白了合作的重要性。

六、培养学生的实践能力

音乐作业设计可以给学生提供实践音乐技能和知识的机会，让他们在实际操作中学习和应用所学内容。例如，可以设计音乐演奏的作业任务，要求学生乐器独奏或合奏。通过实际演奏，学生可以锻炼自己的演奏技巧、音乐表达能力和舞台表现能力，需要不断练习和反思，并在演奏过程中感受音乐的魅力和乐趣。音乐作业还可以设计音乐创作的任务，要求学生创作自己的音乐作品。学生通过实际创作，可以探索音乐的创造过程，发挥自己的想象力和创造力，思考音乐的结构、主题和情感表达，在实践不断完善作品，从而不仅将所学的理论知识应用到实际中，还培养了实践能力，提高了音乐技能和表演水平，体验了音乐创作的乐趣和成就感。

第二章

小学音乐作业设计的构成

第一节 课前作业

一、课前作业的重要性

课前作业也叫"前置性作业"，在音乐教育中具有重要的意义，是学生学习音乐知识和技能的重要环节，不仅有助于学生的学习成绩提升，还可以培养学生的耐心和毅力。通过课前作业，学生可以提前接触即将学习的内容，激发对音乐学习的兴趣，可以增强主动性和积极性，让他们在课堂上变得更加专注和投入。

课前作业对学生有什么重要作用呢？首先，课前作业可以帮助学生回顾和巩固已有的音乐知识，为新知识的学习打下基础，有助于学生对音乐知识的理解和掌握，为学生进一步的学习提供基础。课前作业可以起到预习的作用，让学生在课前就对即将学习的内容有所了解，从而更好地理解和吸收课堂上的知识；同时减少课堂上的时间浪费，更快地进入学习状态，提高课堂效率。音乐课前作业是学生运用所学知识和技能进行实践的机会，通过反复的练习，学生可以巩固音乐理论知识、乐曲的演奏技巧以及声音的控制和表达能力，可以更好地理解和应用所学的音乐知识，从而提高音乐技能水平。其次，课前作业可以培养学生的表现能力和自信心。在课前作业中，学生有机会独自或与他人一起表演，展示自己的音乐才能。通过不断的练习和表演，学生可以逐渐提高自己的音乐表现力，增强自信心，从而更好地享受音乐学习的过程。再次，课前作业有助于培养学生的团队协作精神和沟通技巧。如在合唱表演等活动中，学生需要在课前先与他人沟通，之后共同练习，最后才能完成音乐作品的表演，这样一来，可以让学生明白团队协作的重要性，锻炼他们的沟通技巧，提高他们在团队中的适应能力。

通过课前作业，教师则可以了解学生对音乐知识的掌握情况，有针对性地调整教学内容和方法，满足不同学生的学习需求。通过分析学生在课前作业中

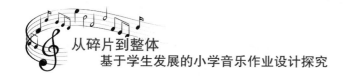
的表现，教师可以调整教学内容和方法，使之更符合学生的学习需求，提高教学效果。在课前作业中，教师可以结合具体的音乐作品和表演，向学生讲解音乐理论知识，例如音乐的基本元素、音乐的形式和结构、音乐的风格和流派等。教师还可以介绍一些音乐史上的重要事件和人物，帮助学生更好地了解音乐的发展历程和演变趋势，提高学生音乐素养。

综上所述，教师应该重视课前作业的设计和指导，为学生提供丰富多样的练习机会，帮助他们全面发展和快速成长。为了更好地实现这一目标，教师可以结合学生的兴趣和特点，设计富有挑战性和吸引力的音乐课前作业。例如，教师可以根据学生的音乐水平，设计不同难度的练习任务，使学生在挑战自我的过程中不断提高音乐技能；教师可以利用现代科技手段，如音乐软件和在线资源，为学生提供丰富的音乐素材和学习资源，激发学生的学习兴趣和积极性；教师可以组织各种音乐活动和比赛，让学生有机会展示自己的音乐才华，增强自信心和自尊心，培养学生的音乐情感和审美能力，使他们能够更好地理解和欣赏音乐作品，提高音乐素养和审美水平。总之，教师应该充分发挥课前作业在音乐教育中的重要作用，通过精心设计和有效指导，帮助学生全面发展和成长，为他们的音乐人生打下坚实的基础。

二、课前作业的设计内容

课前作业应该设计具有多样性和针对性的内容，以促进学生的全面发展和音乐素养的培养。以下两方面值得特别关注：

一是选择题，具体内容可以涉及音乐理论、乐器知识、音乐历史等方面的内容，用来考查学生对音乐基本概念的理解和记忆。例如，可以设计关于音符、节拍、音阶等基本概念的选择题，让学生选择正确的答案。在选择题的设计中，可以结合音乐理论的知识点，如音符的命名、音程的计算、调式的认识等。乐器知识也可以作为选择题的考察内容，如乐器的分类、乐器演奏技巧等。还可以设计与音乐史相关的选择题，如设计关于著名作曲家、音乐时期、音乐风格等方面的选择题，让学生了解音乐发展的历史背景和重要人物。这样的作业可以帮助学生拓宽音乐知识的广度，了解音乐的多样性和发展历程，让学生在解答问题的过程中提高对音乐概念的理解和记忆。同时，这样的作业也可以激发学生的学习兴趣，增加他们对音乐学习的参与度。

　　二是创编节奏，培养学生音乐创造力和表达能力，促进学生发挥想象力和创造力，创作出独特的节奏模式。教师可以设计一些简单的节奏模板，让学生根据模板进行创编，也可以让学生自由发挥创作，激发学生的音乐创造力，培养他们的音乐表达能力和审美意识。通过创编节奏的作业，学生可以在规定的节奏结构下运用不同的音符、音长、强弱等元素创造出自己喜欢的节奏模式，可以尝试使用不同的乐器声音或身体打击声音来表达自己的创意，这样的创作过程可以让学生体验到音乐的乐趣和创造的快感，培养了他们对节奏和音乐结构的敏感性。创编节奏的作业还可以促进学生的合作与交流。学生可以在小组中合作创作、互相倾听和交流创意，共同完成一段有趣的节奏作品，这不仅加强了学生之间的团队合作能力，还丰富了他们的音乐体验和表达方式。

第二节　课中作业

一、课中作业的重要性

课中作业也叫"课堂作业"，在小学音乐教育中具有重要的意义。与传统的闭合性作业相比，课中作业更注重学生的创造性思维和表达能力的培养。课中作业通过给学生一定的自主空间和创作任务，鼓励他们发挥想象力和创造力，创作出独特的音乐作品。这样的作业为学生提供了展示创造力的机会，可以激发学生对音乐的热爱和兴趣，培养学生的创造性思维和创作能力。在课中作业中，学生可以自由选择创作的音乐形式和风格，运用自己学到的音乐知识和技巧，发挥个人特色和风格，创作出独一无二的音乐作品。这样的创作过程不仅培养了学生的音乐创造力，还提升了他们的表达能力和艺术表现力。课中作业还可以激发学生对音乐的热爱和兴趣。通过给予学生自主创作的机会，他们可以深入体验音乐的乐趣和魅力，进一步培养对音乐的热爱和追求，激发对音乐创作的兴趣，激发在音乐领域探索的欲望。通过课中作业，学生可以获得满足感和成就感，他们在展示作品的过程中，他人的认可和赞赏将增强他们的自信心和自我肯定，促进他们的个人发展和全面成长。

课中作业鼓励学生进行自主学习和独立思考，学生需要自主选择创作主题、研究音乐素材、进行实践和反思，有助于发展出独立思考和解决问题的能力。在课中作业中，学生可以根据自己的兴趣和音乐目标，自主选择创作主题，为此他们需要进行研究和探索，寻找相关的音乐素材和参考资料，以丰富自己的创作灵感和知识储备。在实践过程中，学生需要运用所学的技巧和知识，进行音乐创作和演奏，不断尝试和改进自己的作品；学生还需要进行反思和评估，分析自己的创作过程和成果，发现不足之处并提出改进的方案，掌握更深的音乐知识和技能，提升自身的音乐水平和表现能力。

综上所述，课中作业在小学音乐教育中扮演着重要的角色，它不仅培养了学生的创造力和表达能力，还促进了他们的自主学习能力和批判思维能力的发展。通过课中作业，学生可以更全面地发展自己的音乐素养和个性特长，为他们未来的音乐发展奠定坚实的基础。

二、课中作业的设计内容

课中作业应该设计具有多样性和针对性的内容，以促进学生的全面发展和音乐素养的培养。课中作业包括以下几个常见的方式。

1. 乐曲欣赏

教师应该设计不同风格和难度的乐曲，让学生在课堂上进行欣赏，可以选择一些经典的音乐作品如古典音乐、民族音乐或流行音乐，以满足学生的不同喜好和兴趣。通过欣赏不同类型的乐曲，学生可以培养对不同音乐风格的理解和欣赏能力，提高对音乐的理解。在课堂上，教师可以先介绍乐曲的相关背景，帮助学生理解乐曲的内涵和特点；然后，让学生静静地聆听乐曲，感受音乐的魅力，体会乐曲中的情感和意境；在欣赏过程中，教师适时引导学生进行思考和讨论，让学生分享对乐曲的感受和理解，从而加深对音乐的理解和欣赏能力。教师还可以组织一些音乐欣赏活动，如校园音乐会、音乐讲座等，让学生更深入地了解音乐的魅力。通过这些活动，学生可以接触到更多的音乐作品和风格，拓宽音乐视野，提高音乐欣赏能力。

教师可以引导学生聆听不同风格的乐曲，并与学生分享相关的背景知识和音乐特点。例如，可以选择一首古典音乐作品，介绍作曲家的生平背景和作品的创作背景，让学生了解其音乐风格和表达方式。也可以选择一些民族音乐作品，让学生感受不同文化背景下的音乐特色和情感表达。值得一提的是，流行音乐作品是吸引学生注意力的重要选择，可以选取一些有代表性的流行歌曲，让学生体验流行音乐的魅力。

为了更好地实现音乐教育的目标，教师可以结合学生的兴趣和特点，设计富有挑战性和吸引力的音乐作业。教师可以根据学生的音乐水平，设计不同难度的练习任务，使学生在挑战自我的过程中不断提高音乐技能；可以利用现代科技手段，如音乐软件和在线资源，为学生提供丰富的音乐素材和学习资源，激发学生的学习兴趣和积极性。

在乐曲欣赏过程中，学生可以学习到各种音乐知识和技巧，如音乐的结构、

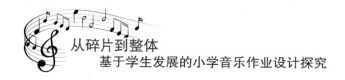
节奏、和声等，从而提高音乐素养；可以拓宽音乐视野，培养对不同音乐风格和流派的理解和欣赏能力。这样的欣赏活动不仅可以丰富课堂内容，还可以激发学生对音乐的兴趣和热爱，促进他们的全面发展。多样性的乐曲欣赏还有助于培养学生的审美能力和独立思考能力。在欣赏过程中，学生可以根据自己的喜好和感受，对音乐作品进行评价和分析，形成自己的音乐审美观。

为了更好地实现多样性的乐曲欣赏，教师可以采用多种教学方法和手段，如讲解、示范、讨论、互动等，使学生在听觉、视觉、动觉等方面全方位地感受音乐的魅力；也可以利用现代科技手段，如音乐软件、视频、音频等，为学生提供丰富的音乐资源，让学生在课堂之外也能自主地进行音乐欣赏。

2.合唱或合作表演

教师可以选择一些简单的合唱曲目，或者让学生自己组成小组进行合作表演。通过合唱表演，学生可以培养团队合作精神、听觉交流能力和节奏感，提高他们的声音控制和表演技巧。合唱表演不仅要求学生具备歌唱技巧，还需要他们学会倾听和配合其他人的声音。在这个过程中，学生可以培养团队协作精神和良好的沟通技巧，这对于他们未来的社会生活和工作具有极大的价值。同时，合唱表演需要学生保持稳定的节奏感，这可以锻炼他们的律动感，提高音乐感知能力。此外，在合唱中学生还需要学会控制自己的声音，以达到和谐的效果，这可以锻炼他们的声音控制能力，提高他们的歌唱技巧。通过不断的练习和表演，学生可以在享受音乐的同时，提高自己的音乐素养和表演能力。因此，教师应该充分利用课堂时间，设计丰富多样的课中作业，帮助学生全面发展和成长。

在合唱表演的过程中，教师可以引导学生学习和掌握合唱的基本技巧，如正确的呼吸方法、声音的共鸣和和声的协调。学生可以通过集体排练，学习如何与他人合作，听取指挥并与其他声部协调演唱。这不仅有助于培养学生的团队意识和合作能力，还能提高他们的音乐表演技巧和舞台表现力。合唱表演是一种高度集体化的艺术形式，要求参与者具备良好的团队协作精神和沟通能力，如在合唱排练过程中，学生需要学会倾听他人的声音，理解自己的职责和角色，并根据集体需要调整自己的演唱。这种训练有助于培养学生的责任感和集体荣誉感，培养他们的沟通技巧和人际交往能力。为了更好地进行合唱表演，教师可以采用多种教学方法，如讲解、示范、实践等，帮助学生掌握合唱技巧；还可以组织学生观看合唱表演视频，分析优秀合唱团队的演唱技巧和舞台表现力，为学生提供学习和借鉴的榜样。

合唱表演也是一种艺术表达的方式，学生可以通过音乐来传达情感和思想，与观众产生共鸣。在这个过程中，他们可以更好地理解音乐的魅力，体验到艺术带给他们的愉悦和成就感。合唱表演是一种富有感染力和互动性的艺术形式，可以激发学生对音乐的热爱和兴趣，促进他们的个性发展和情感教育。

合唱表演还是一种跨学科的学习方式，融合了音乐、语言、文学、历史等多个领域的知识，有助于拓展学生的知识面和视野。通过合唱表演，学生不仅可以感受到音乐的美妙和力量，还可以提升自己的审美能力和艺术素养。在合唱表演的过程中，学生需要理解歌曲的背景和内涵，掌握歌词的语言和文学特点，这有助于提高他们的语言表达能力和阅读理解能力；需要了解不同历史时期和文化背景下的音乐风格和特点，这可以培养他们的历史观念和文化意识。

3. 创作和编曲

鼓励学生进行音乐创作和编曲的作业是一种激发学生创造力和表达能力的有效方式。通过给学生一些基础的音乐素材，如旋律片段、和弦进行等，他们可以自己进行创作和编曲，从而培养独特的音乐风格和个人表达方式。创作和编曲不仅是音乐的创造过程，也是学生发展创造力的机会。创作和编曲需要学生进行听觉分析。在创作过程中，学生需要仔细聆听音乐素材，分析其音乐元素和结构，以及它们之间的关系。这有助于提高学生的音乐分析能力和听觉敏感性。学生可以通过创作和编曲，将自己的想法和情感转化为音乐作品，展现自己的独特艺术思维。这种创作过程不仅可以培养学生的创造力，还可以提高他们的音乐表达能力和对音乐结构的理解。在创新方面，学生需要思考如何将已有的音乐素材进行重新组合和创新，以创造出新颖而独特的音乐作品。通过音乐创作和编曲，学生可以充分发挥自己的想象力和创造力，将音乐作为一种表达自我的方式，这不仅有助于培养艺术素养和审美意识，还可以激发对音乐的热爱和追求。

在音乐创作和编曲的过程中，教师可以引导学生学习和掌握基本的音乐构成技巧，如旋律的发展、和声的处理和节奏的运用。学生可以通过创作和编曲，将自己的音乐创意和情感表达融入其中，发展独特的音乐语言和风格。这样的创作过程不仅能够培养学生的创造力和表达能力，还能够提高他们对音乐结构和形式的理解。在音乐创作中，学生可以通过构思和发展旋律来表达自己的情感和思想，可以探索不同的音符组合和音程跳跃创造出的独特旋律线，还可以学习如何处理和声，将不同音部进行合理的组合和配合形成和谐的和声效果。节奏的运用也是音乐创作中的要素，学生可以尝试运用不同的节奏模式和变化来增加音乐的动感和变化。在创作和编曲中，学生需要思考如何组织和安排音乐素材，如何进行主题的发展和变化，以及如何创造音乐的高潮和转折点，这种思考过程有助于学生深入理解音乐的结构和形式，提升他们的音乐素养和分析能力。

此外，创作和编曲还可以激发学生的音乐兴趣和热情。通过自己创作和编曲的作品，学生可以展示自己的音乐才能和个性，增强自信心；可以与同学们分享自己的作品，互相欣赏和交流，促进音乐创作的互动与合作。这样的创作体验将激发学生对音乐的热爱，为他们未来的音乐发展奠定基础。

4.音乐游戏和活动

教师应该设计一些有趣的音乐游戏和活动。如，音乐听辨游戏、节奏打击乐活动、音乐运动游戏等，让学生在课堂上参与进来。通过音乐游戏和活动，学生可以在轻松愉快的氛围中学习音乐知识和技能，培养音乐感知能力、协调性和团队合作精神。

音乐听辨游戏可以让学生通过听取不同的音乐片段，辨别出音乐风格、乐器声音或音乐元素，从而帮助学生培养对音乐的敏感性和理解能力，提高他们的音乐鉴赏水平。

节奏打击乐活动可以让学生通过打击乐器或身体动作，跟随节奏进行演奏，从而帮助学生提高节奏感和协调性，增强他们的音乐表现力和身体协调能力。

音乐运动游戏可以结合音乐和动作，让学生在音乐的引导下进行身体运动。例如，可以设计一些舞蹈活动或音乐冰山游戏，让学生通过舞蹈动作或追逐游戏来表达音乐的节奏和情感，从而提高学生的音乐表达能力、身体协调性和团队合作意识。

音乐游戏和活动可以激发学生的好奇心和参与度。通过音乐游戏和活动，学生可以在轻松愉快的氛围中积极参与音乐课程，提高对音乐的兴趣和热情，培养音乐技能和综合能力。

第三节 课后作业

一、课后作业的重要性

课后作业也叫"巩固训练"，在音乐教育中具有重要的意义，是学生巩固音乐知识和技能的重要环节。它不仅有助于学生的学习成绩提升，还可以培养学生的音乐素养和表演能力，培养学生的耐心和毅力。

课后作业可以帮助学生巩固音乐知识和技能，是学生运用所学知识和技能进行实践的机会。通过课后作业反复的练习，学生可以巩固音乐理论知识、乐曲的演奏技巧以及声音的控制和表达能力，从而帮助学生更好地理解和应用所学的音乐知识，提高音乐技能水平。

课后作业可以培养学生的表现能力和自信心。在课后作业中，学生有机会独自或与他人一起表演，展示自己的音乐才能。通过不断的练习和表演，学生可以逐渐提高自己的音乐表现力，增强自信心，从而更好地享受音乐学习的过程。

课后作业可以培养学生的团队协作精神和沟通技巧。在合唱表演等活动中，学生需要与他人配合，共同完成音乐作品的表演。这样的活动可以让学生学习到团队协作的重要性，锻炼他们的沟通技巧，提高他们在团队中的适应能力。

课后作业可以培养学生的音乐素养和表演能力。音乐作业的课后作业包括个人表演、合唱、乐队演奏等形式，通过参与这些活动，学生可以锻炼音乐表演技巧、音乐感知能力和舞台表现力，提高音乐素养，培养团队合作精神和自信心，为未来参与音乐活动打下基础。在个人表演中，学生可以通过不断的练习和表演，提高自己的演奏技巧和表现力，增强自信心和独立思考能力。在合唱和乐队演奏中，学生需要倾听他人的声音，协调自己的声音和节奏，从而提高自己的音乐感知能力和协调能力，更好地理解音乐的魅力和内涵，培养音乐素养和表演能力。

课后作业还可以帮助学生提高对音乐理论知识和音乐史的了解。在课后作

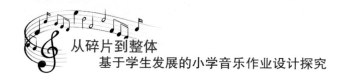

业中，教师可以结合具体的音乐作品和表演，向学生讲解音乐理论知识，例如音乐的基本元素、音乐的形式和结构、音乐的风格和流派等；可以介绍一些音乐史上的重要事件和人物，帮助学生更好地了解音乐的发展历程和演变趋势。这样的作业可以帮助学生提高音乐素养，培养他们的音乐欣赏能力和音乐创作能力。

二、课后作业的设计内容

1.课后作业设计的种类

课后作业设计应该结合游戏和生活元素，设计趣味化作业；应该根据学生掌握知识的不同，设计层次性作业；应该发挥挖掘学生潜能，设计个性化作业。在课后作业中，可以融入游戏和生活元素，设计趣味化的任务和活动，让学生在解题或完成任务的过程中学习音乐知识和技能；可以设计与学生生活相关的音乐作业，比如让学生用音乐表达自己的日常活动、情感体验或喜好，激发学生的兴趣和参与度，增加他们对音乐的积极性和兴趣。通过融入游戏元素，音乐作业可以变得更加有趣和引人入胜，让学生在解题的过程中学习到音乐理论、音符记号或乐器知识，从而激发学生的思考和解决问题的能力，增加学生对音乐知识的兴趣和记忆。而通过将音乐作业与学生的生活经验结合起来，可以增加学生的参与度和情感投入，从而不仅培养了学生的创造力和表达能力，还让学生感受到音乐与生活的紧密联系，增加对音乐的兴趣和乐趣。

2.课后作业设计的需求

学生在音乐知识和技能方面的掌握程度各不相同，因此作业设计应考虑到不同层次学生的需求。教师可以设计不同难度和要求的作业，让学生根据自己的能力水平选择适合自己的任务。对于初级水平的学生，可以设计一些基础知识的巩固练习，如音符辨认、节拍敲打等；对于中级水平的学生，可以设计一些简单的乐曲演奏或合唱练习；对于高级水平的学生，可以设计一些创作或表演任务，如编写乐曲、自主演奏等。这样的层次性作业通过差异化的设计，可以满足不同学生的需求，学生可以根据自己的能力和兴趣选择适合自己的任务，既能够巩固基础知识，又能够挑战自己并拓展音乐能力，还能激发学习的兴趣和动力，从而在音乐学习中感到更加自信和满足，促进个体的发展。此外，层次性作业的设计也有助于培养学生的合作意识和互助精神。在作业中，可以鼓励学生之间的合作与交流，互相分享经验和技巧，培养他们的团队合作能力和社交技巧。

每个学生都有自己独特的兴趣、才能和潜能，作业设计要做到细化的话，教师还需充分发挥、挖掘学生的个性化特点，可以根据每个学生的兴趣和特长设计与之相关的音乐作业。例如，对于喜欢唱歌的学生，可以设计一些歌曲演唱或创作的任务；对于喜欢舞蹈的学生，可以设计一些音乐伴舞的任务；对于喜欢乐器演奏的学生，可以设计一些乐器独奏或合奏的任务。根据学生的兴趣和特长设计个性化作业，可以让学生在学习音乐的过程中感到更加投入和有成就感，促使他们在自己喜欢的领域中展示自己的才能，进一步培养自信心和自我表达能力；同时，还可以培养学生的创造力和创新思维，让他们在音乐学习中发现自己的潜能和独特之处。

3.设计合作性作业

对于合作性作业设计，在音乐创作环节，可以设计一些需要学生分组合作完成的任务。合作性作业可以让学生在实践中学会协作、沟通和解决问题，能提高他们的音乐创作能力。在合作性作业中，学生可以根据自己的兴趣和才能选择合适的角色，分工合作，发挥各自的专长，互相学习和借鉴他人的创作技巧。在合作的过程中，学生们需要相互协商和讨论，共同决定歌曲的主题、风格和表现方式；需要学会倾听他人的意见，尊重不同的创意和观点，并能够有效地沟通和解决可能出现的问题。通过合作，学生可以相互激发创意，不仅培养了团队合作能力，还提升了音乐创作能力。学生通过实践中的合作创作，可以深入了解歌曲创作的过程和技巧，学会运用不同的音乐元素和技巧来表达自己的创意；可以在交流和反馈中不断改进和完善自己的作品，提高音乐创作的质量和水平。

在音乐表演环节，可以组织学生进行分组合作，如分组进行合唱、合奏等表演活动，锻炼学生的音乐表演技巧，培养学生的团队合作能力和集体荣誉感。

在音乐研究环节，可以设计一些需要学生分组合作完成的研究任务。例如分组研究某位音乐家或某种音乐风格，然后共同完成一份研究报告，这样可以拓宽学生的音乐视野，有助于培养他们的团队合作能力和研究能力。通过分组研究音乐家或音乐风格，学生可以深入了解其音乐创作背景、风格特点、影响力等方面的内容，可以共同收集资料、阅读相关文献、观看演出录像等获取更多的信息，之后进行协商和讨论，共同决定研究的方向和内容，最后分工合作

撰写研究报告。在合作过程中，学生需要学会有效地分工合作，确保每个成员都能发挥自己的专长和能力；还需要学会整合各自的研究成果，形成一份完整且有条理的研究报告。通过这样的合作性作业，学生们不仅可以深入了解音乐家或音乐风格，还能够锻炼团队合作能力和研究能力，更可以从其他成员的研究中学习到新的观点和见解以拓宽音乐视野。

在音乐评价环节，可以组织学生进行分组合作。例如，让学生分组对某首音乐作品进行评价，共同完成一份评价报告。这样的合作性作业可以让学生在实践中学会如何客观、公正地评价音乐作品，有助于培养他们的团队合作能力和审美能力。通过分组评价音乐作品，学生可以共同聆听、分析和讨论作品的音乐元素、表现技巧、情感传达等方面的内容，可以互相分享观点和感受，以达成共识并形成综合的评价意见。评价的过程中，学生需要学会尊重不同的观点和审美偏好，以及如何用准确的语言表达自己的观点。通过合作评价作品，学生们不仅可以提升审美能力，还可以培养团队合作能力，学会倾听他人的意见，尊重他人的贡献，并形成有效地沟通和解决问题的能力。

总的来说，合作性作业在小学音乐教育中的重要性不言而喻，它的设计和实施，可以有效促进学生音乐技能的提高、团队合作能力的培养及音乐视野的拓宽。教育者应该充分利用合作性作业的优势，为学生提供更丰富、有趣的音乐学习体验。

第三章

小学音乐作业设计的策略

第一节　小学音乐作业设计的价值取向

在基于学生发展的小学音乐作业设计中，需要以提升学生的学习体验和音乐素养为目标。这意味着要关注学生的负担减轻和作业质量的提升，走大众教育之路，制定符合广大学生的作业设计；注重作业设计的广度而非深度，引导学生欣赏不同时期和地区风格的音乐；巧妙结合当地文化资源，利用多媒体信息技术进行作业设计，以探究型和开放型为主，并鼓励创新思维。这些努力，可以为学生提供丰富多样的音乐学习机会，培养他们的创造力、合作精神和音乐表达能力。

一、减轻学生负担，提升作业质量

为了落实"双减"政策，减轻学生负担，提升小学音乐作业的质量，作业设计需要充分考虑学生的实际情况，避免过多的重复性和机械性。

首先，作业设计应注重合理安排，避免过多的重复性作业。教师可以通过合理规划作业内容和频次，确保学生在音乐学习中获得多样化的体验和学习机会，避免反复做同样类型的作业，多鼓励学生在不同的音乐领域进行探索和实践。例如，设计一些多元化的作业任务，包括音乐创作、音乐欣赏、音乐表演等，让学生能够在不同的音乐活动中有所收获。

其次，作业设计应注重提升作业质量。作业应具有针对性和实践性，能够培养学生的音乐兴趣和能力，为此，教师可以设计一些有挑战性的作业，鼓励学生进行深入思考和深度探索。例如，要求学生选择自己喜欢的音乐作品并进行分析和评价，或者让他们参与小型音乐项目的策划和实施，从而激发学生的创造力和想象力，让他们在实践中不断提升音乐能力。

再次，作业设计应注重个性化和差异化。教师可以根据学生的兴趣、特长和学习能力，灵活调整作业内容和要求，激发学生的积极性和主动性，让他们在音乐学习中发挥各自的优势和潜力。个性化的作业设计可以根据学生的兴趣爱好，提供多样化的选择和挑战。对于喜欢唱歌的学生，可以设计一些与歌唱相关的作业，如演唱一首自选歌曲参与歌唱比赛。对于喜欢演奏乐器的学生，可以设计一些与乐器演奏相关的作业，如演奏一首乐曲参加乐器比赛。满足学生个性化的需求，可以激发他们的学习兴趣，提高他们的参与度和投入度。差异化的作业设计可以根据学生的学习能力和水平，提供不同难度和挑战的作业。对于学习较快的学生，可以设计一些更高层次的作业，如分析复杂的音乐结构、创作更具挑战性的音乐作品等。对于学习较慢的学生，可以设计一些简单而具体的作业，如演唱简单的儿歌、练习基本的节奏和音准等。差异化的作业设计，可以满足不同学生的学习需求，帮助他们在适合自己的学习节奏下取得进步。

总之，教师应灵活运用不同的教学策略和方法，创造有益的学习环境，让每个学生都能在音乐学习中发挥各自的优势和潜力。

二、作业设计应符合广大学生的情况

走大众教育之路，制定符合广大学生的作业设计是音乐教育的重要任务。音乐作业设计应符合广大学生的学习需求和兴趣特点，注重培养学生的音乐素养和审美能力，通过多样化的音乐题材和形式，满足学生对不同音乐风格的欣赏和理解，促进他们全面发展。

首先，音乐作业设计应考虑到广大学生的学习需求。教师可以根据学生的年龄、音乐基础和兴趣爱好，合理安排作业内容和难度。对于初学者，可以设计一些简单易懂的作业，帮助他们建立基本的音乐知识和技能，如设计一些简单的节奏练习、音阶演奏或简单旋律的演唱，从而帮助初学者逐步掌握音乐的基本要素，培养他们的音乐感知和表达能力。对于有一定音乐基础的学生，可以设计一些更具挑战性的作业，提升他们的音乐水平和表现能力，如设计一些复杂的乐曲演奏或合奏任务，让他们通过练习和表演来提高技巧和表现能力，同时引导他们进行音乐分析和创作，在音乐创作的过程中发挥创造力和表达能力。通过合理安排作业内容和难度，教师可以满足不同学生的学习需求，激发学生的学习兴趣，帮助他们逐步发展和进步，提高他们的参与度和投入度。

其次，音乐作业设计应注重培养学生的音乐素养和审美能力。作业可以涵盖不同的音乐题材，包括古典音乐、流行音乐、民族音乐等，让学生有机会欣赏和理解不同音乐风格，拓宽音乐视野，培养对不同音乐风格的欣赏和理解能力。同时，可以引导学生分析音乐作品的结构、表达和情感，培养他们的音乐鉴赏能力和审美意识。教师可以设计一些听音乐并进行分析的作业，让学生通过聆听和思考，深入理解音乐作品的内涵和艺术特点。此外，还可以组织学生参加校园活动、音乐比赛或观看音乐演出，让他们亲身体验音乐的美妙，提升他们的审美能力和艺术修养。注重音乐素养和审美能力培养的音乐作业设计，可以帮助学生培养对音乐的热爱和理解，提高他们的音乐欣赏水平，培养他们的审美情趣，帮助他们在音乐领域得到全面的发展和成长。

再次，音乐作业设计应多样化，包括听音乐、演奏乐器、合唱、创作等不同形式。在音乐作业中，教师可以引导学生通过听音乐来培养对音乐的感知和欣赏能力；学生则可以选择自己喜欢的音乐作品，聆听并进行感受和分析，从中体验音乐的美妙和情感表达。演奏乐器是音乐作业中重要的一部分，学生可以选择自己喜欢的乐器进行练习和演奏，通过不断的实践和努力，提升自己的演奏技巧和音乐表现能力。合唱是一种有趣且具有团队合作精神的音乐活动，通过合唱作业，学生可以与他人共同演唱，培养协作能力和集体荣誉感。创作是培养学生创造力和表达能力的重要方式，学生可以通过创作自己的音乐作品，表达自己的情感和想法，激发创造力，培养独立思考和创新能力。通过多样化的音乐作业设计，学生可以在不同形式的音乐活动中发现自己的兴趣和潜能，培养对音乐的热爱和自信心，提升音乐技能，获得全面发展和个性成长。

综上所述，走大众教育之路，通过制定符合广大学生的作业设计，可以满足学生的学习需求和兴趣特点，培养他们的音乐素养和审美能力。这将促进学生在音乐学习中的全面发展，让他们获得更丰富的音乐体验和个人成长。

三、注重作业设计的广度而非深度

音乐作业设计应注重引导学生欣赏不同时期、不同地区、不同风格的音乐作品，拓宽他们的音乐视野，而不是过于深入学习某种音乐，这样可以让学生接触到更多样化的音乐，培养他们的音乐欣赏能力和跨文化交流能力。学生欣赏不同时期、不同地区的音乐，可以了解不同文化背景下的音乐表达方式和艺术特点。学生欣赏古典音乐、民族音乐、流行音乐等不同风格的作品，可以体验到不同音乐风格所传递的情感和意义，培养开放的音乐观念，拓宽对音乐的理解和欣赏。同时，通过了解不同地区音乐的特色和文化背景，学生可以知道

不同文化之间的共通之处和差异之处，更好地理解和尊重不同文化，培养跨文化交流能力和包容性，丰富音乐体验，拓宽音乐视野，增加人生经验。

拿引导学生欣赏古典音乐、民族音乐、流行音乐等不同风格的作品来说，可以让他们体验到不同音乐风格所传递的情感和意义。通过欣赏古典音乐，学生可以感受到优雅和精致的艺术表达，了解它在历史上的重要地位和影响。民族音乐则展现了不同地区和不同民族的独特音乐风格和文化特点，可让学生感受到多元文化的魅力。而流行音乐则展示了时代的潮流和年轻人的情感表达，可让学生更好地理解当代音乐的发展和变化。由此，学生可以培养开放的音乐观念，不拘泥于某一特定风格，能够欣赏和理解多样化的音乐，形成开放的音乐观念，有助于他们在音乐创作、表演和欣赏中更加自由地发挥和表达自己。

再谈谈引导学习不同地区的音乐。学生通过学习不同地区音乐的历史和背景，可以了解不同文化之间的共通之处和差异之处，了解不同文化所赋予音乐的意义和价值观。例如，学生可以了解到一些地区音乐中所体现的宗教信仰、社会习俗和历史传统，从而认识到文化对音乐创作和表达的影响，培养对其他文化的尊重和理解。又如，学生可以发现不同地区音乐中的独特风格、乐器和节奏，体验到不同文化所表达的情感和情绪，激发对多元文化的兴趣和好奇心，培养在跨文化交流中的敏感性和包容性。

四、结合当地文化资源进行作业设计

在音乐作业设计中，可以引入当地的民间音乐让学生欣赏和学习，深入了解本土文化的独特魅力。民间音乐通常反映了人们的生活经历、情感体验和社会背景，引入当地的民间音乐可以为学生打开一扇了解本土文化的窗口。学生可以聆听民间音乐的旋律和歌词，感受其中蕴含的情感和故事；可以学习民间音乐的演奏技巧和表达方式，体验这些音乐作品所传递的文化价值观和生活方式。通过聆听这些音乐作品，学生可以更深入地了解当地人们的生活方式、价值观和情感表达。

传统乐器也是音乐作业设计中不可或缺的一部分。通过学习和演奏传统乐器，学生可以亲身体验本土文化的音乐表达方式，学习乐器的构造和演奏技巧，探索乐器所承载的文化意义。通过与传统乐器的互动，学生可以感受到乐器所传递的独特音色和情感，进一步加深对本土文化的理解和认同，并实现文化传承；可以学习乐器的制作工艺和演奏技巧，了解乐器在本土文化中的重要地位，理解其中的情感表达和文化内涵。

巧妙结合当地文化资源的音乐作业设计，可以为学生提供一个全面的学习平台。学生不仅可以学习音乐的基本理论知识和技能，通过与本土文化资源的互动深入了解音乐与文化的紧密联系，还可以结合多媒体信息技术，运用音乐播放器、音乐制作软件等工具，创作富有创意和互动性的音乐作品，展现对本土文化的理解和表达。

五、利用信息技术进行作业设计

结合多媒体信息技术，音乐作业设计可以设计出富有创意和互动性的作业，为学生提供丰富多样的学习体验。通过欣赏和创作音乐作品，学生不仅可以提升自己的技术能力，还可以培养对音乐的热爱和表达能力。这样的设计将为学生打开一扇通往音乐创作和文化理解的大门，为他们的音乐学习之路铺就坚实的基础。

利用音乐播放器，学生可以欣赏不同地域风格的音乐作品，分析其特点和表达方式；还可以使用音乐制作软件，创作自己的音乐作品，展示他们对音乐的理解和创造力。这样的设计可以提升学生的信息技术应用能力，培养他们在音乐创作和表达方面的才能。通过多媒体信息技术的应用，学生可以更加直观地理解和体验音乐。他们可以通过音乐播放器，欣赏来自不同地区的音乐作品，感受不同文化背景下的音乐风格和表达方式。他们可以使用音乐播放器中的功能，比如调整音乐节奏、混音等，来探索音乐的不同表达方式。他们可以选择不同地区的音乐对比学习，比如拉丁音乐、亚洲传统音乐、非洲鼓舞曲等，感受不同文化背景下的独特音乐风格。通过聆听这些音乐作品，学生可以感受到不同文化所传递的情感和价值观，进一步拓宽对音乐的理解和欣赏，在分析中深入探究不同文化对音乐的影响，拓宽音乐视野。

利用音乐制作软件，学生可以运用各种音乐工具和效果，创造出自己独特的音乐作品，参与互动式的音乐学习。在音乐制作的过程中，学生可以发挥创造力，表达对音乐的理解和情感；可以尝试不同的音乐元素和编曲技巧，打造出与众不同的音乐作品。这样的创作体验不仅可以培养学生的技术应用能力，还可以激发他们的创造力和表达能力。音乐制作软件提供了丰富的音频处理工

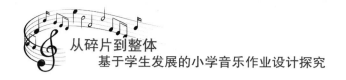
具和音乐效果，学生可以通过调整音频剪辑、添加音效、混音等操作，打造独特的音乐作品；也可以运用乐器采样库，模拟各种乐器的声音，创造出丰富多样的音乐元素；还可以尝试使用合成器和音频编程，创造出独特的音乐声音和音色。创作音乐不仅是一种艺术表达，也是培养学生创造力和创新思维的重要途径。通过音乐制作软件，学生可以自由地实现自己的音乐想法，并将其具体化为音乐作品。这种创作过程不仅让学生体验到音乐的乐趣，还培养了他们的耐心、细致和团队合作能力。同时，学生还可以通过分享自己的音乐作品，与他人交流和互动，获得反馈和进一步提升自己的音乐创作能力。

总之，音乐作业设计结合多媒体信息技术的应用，为学生提供了丰富的学习和创作机会，不仅提升了学生的技术应用能力，还鼓励他们在音乐创作和表达方面展示自己的才能，可以激发他们对音乐的热爱和探索精神。

六、设计探究型、开放型的音乐作业

音乐作业设计应鼓励学生主动探索和发现，培养他们的自主学习能力和创新思维。

在探究型的作业设计中，学生可以选择感兴趣的音乐主题，如就某个音乐流派、音乐家、乐器等进行深入研究。他们可以通过阅读相关资料、观看音乐表演、采访专业人士等方式，获取更多关于该主题的知识。然后，学生可以展示自己的研究成果，分享自己的学习成果和发现。学生可以通过图文并茂的报告、展示海报、制作音乐视频等形式，将研究成果生动地呈现出来，分享所了解到的音乐背景、特色和影响，以及对该主题的个人见解和感悟。通过展示研究成果，学生不仅可以展示他们的学习成果，还可以激发其他同学对音乐的兴趣，促进彼此之间的交流和学习。

在开放型的作业设计中，学生有更多的自由度来展示自己的个性和创造力。他们可以选择自己喜欢的音乐风格或乐器，创作自己的音乐作品；可以运用音乐制作软件，尝试不同的音乐编排、和声和节奏，展现自己的音乐创作才能；还可以设计音乐舞台表演、编排舞蹈或制作音乐视频等形式，将自己对音乐的理解和表达展现出来。通过这样的开放型作业设计，学生发挥了想象力和创造力，展示出独特的音乐才能和个人风格，表达出情感和思想，体验了音乐带来的快乐和满足感。这样的作业设计不仅培养了学生的音乐创作能力，还激发了他们对音乐的热爱和自信心，促进了他们的全面发展。

在开放型的作业设计中，结合信息技术，学生还可以尝试利用音乐制作软件和视频编辑工具，将自己的音乐作品与影像相结合，运用各种视觉效果、剪辑技巧和故事叙述，创作独特的音乐视频作品，呈现出个人独特的创意和艺术表达。通过这样开放型的作业设计，学生可以充分展示自己的音乐才能和创造力，同时也能够从他人的作品中获得灵感和启发。互动和分享的过程可以促进学生之间的合作与交流，形成一个充满创意和活力的学习环境，激发学生对音乐的热爱。

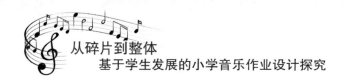
第二节 核心素养下小学音乐作业设计的目标

一、核心素养与小学音乐作业的关联

简而言之，"核心素养"是指在现代社会中必须具备的基本素质。新课标提到核心素养时，特别强调了审美感知、艺术表现、创意实践、文化理解四个方面。

培养小学生音乐核心素养，是小学生综合发展的重要组成部分。通过音乐学习，学生可以培养感知、表达、创造和理解音乐的能力，全面提升认知、情感、审美和身体协调等方面的发展。

培养小学生音乐核心素养，可以帮助他们更好地理解和表达自己的情感。通过参与音乐活动，学生能够通过音乐的语言和表达形式，表达内心的情感，增强情绪管理和情感表达能力。

培养小学生音乐核心素养，可以激发小学生的创造力。如音乐创作和表演活动可以让学生发挥想象力，创造独特的音乐作品，培养创新思维和问题解决能力。

培养小学生音乐核心素养，亦可增强小学生文化自信和国际视野。通过学习传统音乐、民族音乐以及世界各地的音乐，学生能够了解不同文化背景下的音乐风格和表达方式，增强文化意识和跨文化交流能力。

二、审美感知能力

审美感知是培养学生音乐欣赏能力的关键。培养学生对音乐的感知和理解能力，他们能够更好地欣赏音乐作品的美感和艺术价值，在聆听、观察和体验不同类型、风格和文化背景的音乐作品中提高对音乐的敏感度和鉴赏能力。首先，学生可以通过聆听音乐来培养审美感知。他们可以选择不同风格和类型的音乐作品，包括古典音乐、流行音乐、民族音乐等，通过仔细倾听音乐的旋律、和声、节奏和表达，感受音乐所传达的情感和意境；也可以通过反复聆听同一首曲目，发现其中的细微差别和变化，提升对音乐的敏感度。其次，学生可以通过观看音乐表演来培养审美感知。他们可以参加校园活动、音乐剧、乐队演出等现场表演，观察别人的表演技巧、舞台布置、灯光效果等，从中体验音乐与视觉的结合，进一步理解音乐作品的艺术表达。再次，学生可以通过体验不同文化背景的音乐来培养审美感知。他们可以了解不同国家和地区的音乐传统，通过学习民族音乐、世界音乐等拓宽自己的音乐视野，通过体验不同文化背景的音乐感受不同文化间的音乐风格和表达方式的差异，通过聆听、观察和体验不同类型、风格和文化背景的音乐作品逐渐提高对音乐的感知和理解能力，从而更好地欣赏音乐作品的美感和艺术价值。

审美感知有助于培养学生的审美情趣和审美品位。通过接触和欣赏优秀的音乐作品，学生能够培养对美的敏感性和追求卓越的态度。学生可以通过接触经典音乐作品、名家演奏和优秀音乐创作，感受其中蕴含的艺术之美；可以欣赏古典音乐大师的作品，如贝多芬的交响乐、莫扎特的钢琴协奏曲，体会其中的情感表达和音乐结构的完美；可以关注当代音乐领域的杰出作品，如电影配乐、流行音乐创作等，拓宽自己的音乐视野。通过对优秀音乐作品的欣赏，学生可以培养对美的敏感性和鉴赏力。之后，学生可以分析音乐中的旋律、和声、节奏以及表达的情感，深入理解音乐作品的内涵和艺术手法；可以参与音乐评论和讨论，与他人分享自己的感受和观点，从中获得不同的观点和见解，进一步丰富自己的审美品位。通过感知音乐中的情感、意象和表达方式，学生能受到启发，从而激发自己的创造力，学会用音乐表达情感、思想和想象力。

审美感知在小学音乐教育中还有助于培养学生的跨学科能力。音乐作为一门综合性艺术，与其他学科有着紧密的联系。通过审美感知，学生可以培养跨学科的思维能力，将音乐与文学、绘画、舞蹈等艺术形式进行关联，拓宽自己的知识视野。通过对音乐作品的欣赏和分析，学生可以发现音乐与文学之间的共通之处。如他们可以探索音乐作品中的情感表达和故事情节，与文学作品中的人物形象和情节进行对比和联系，从而更好地理解音乐作品的内涵，并拓展对文学作品的理解与欣赏。又如，他们可以通过观察绘画作品中的色彩、线条和形式，与音乐作品中的音色、节奏和结构进行类比或对比，加深对艺术形式之间的相互影响和交流的理解，培养跨学科的思考能力。通过将音乐与其他艺

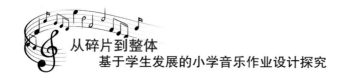

术形式进行关联，学生不仅能够拓宽自己的知识视野，还能够培养综合性的思维能力和创造力，在跨学科的思维中创造更加丰富多样的音乐作品，展示独特的艺术才能。这样的综合性能力，对学生未来的学习和发展具有重要的意义。

综上所述，审美感知在小学音乐教育中具有重要的意义，它不仅可以培养学生的音乐欣赏能力和审美品位，还能够促进创造力和表达能力的发展，同时培养学生的跨学科能力。因此，注重培养学生的审美感知是小学音乐教育中不可忽视的重要环节，它将为学生打下良好的音乐基础，培养他们终身欣赏和参与音乐的能力。

三、艺术表现能力

艺术表现作为核心素养之一，具有重要的意义。艺术表现是培养学生创造力和表达能力的关键，通过音乐表演、创作和表达活动，学生可以发挥自己的想象力和创造力，表达个人的情感和思想；通过音乐的语言和表现形式，学生可以展示自己独特的艺术风格和个性。

音乐表演是学生展示自己音乐才华和表达能力的重要方式之一，学生可以参与合唱团、乐队或独奏表演，通过演唱或演奏乐器，将音乐作品传达给观众；可以通过表演的方式，展示自己对音乐的理解和情感的表达；可以通过音乐的旋律、节奏和表情，打动观众的心灵。音乐创作是学生尝试编写自己的音乐曲目，运用所学的音乐理论知识和创作技巧，创作出独特的音乐作品，由此学生可以发挥想象力，表达自己内心的感受和思考，展示个人的艺术风格和创造力。除了表演和创作，学生还可以通过音乐表达活动来展示自己的艺术表现能力。如用设计舞蹈、创作音乐视频、进行音乐解读等形式，将音乐与其他艺术形式结合，展示个人的创意和表达能力，从而不仅能够更好地理解和欣赏音乐，还能够培养情感智慧和社交能力。通过艺术表现，学生能够深入探索自己的情感世界，并将其转化为音乐的语言，如通过音乐的旋律、和声和节奏表达自己的喜怒哀乐，传达内心的情感和思考。在创作音乐作品中，学生需要运用自己的想象力和创意，将自己的思想和情感转化为独特的音乐形式。这种表达能力不仅让学生更加了解自己，也让他们能够与他人建立情感的共鸣和连接，同时培养创造力。这种创造力的培养不仅对音乐领域有益，也能够在其他学科和生活中发挥重要作用。

艺术表现有助于培养学生的审美意识和审美素养。通过参与音乐表演和观摩优秀的音乐演出，学生可以接触到不同类型、风格和文化背景的音乐作品，从而培养对美的敏感性和鉴赏能力；可以学会欣赏和评价音乐作品的艺术价值，提升自己的审美素养。在参与音乐表演的过程中，学生可以接触到各种不同风格和流派的音乐作品，可以学习到不同音乐风格的特点、表现形式和文化背景，从而拓宽自己的音乐视野。同时，学生也可以通过参与音乐评价和批评活动，提升自己的审美素养，学会分析音乐作品的结构、表现手法和情感表达，理解音乐作品背后的艺术意义。通过对音乐作品的评价和批评，学生将培养自己的解决问题思维和判断能力，进一步提升审美素养。

四、创意实践能力

创意实践作为核心素养之一，也具有重要的意义。首先，创意实践是培养学生创造力和创新思维的关键。通过音乐创作、编曲和表演等实践活动，学生可以发挥自己的想象力和创造力，创作出独特的音乐作品。这样的实践经验可以激发学生的创新思维，培养他们解决问题和面对挑战的能力。音乐创作是学生进行创意实践的重要方式之一。学生可以通过自己的创作，将自己的音乐理念和想法转化为具体的音乐作品；可以尝试创作不同风格和类型的音乐，运用各种音乐元素和技巧，创造出独特的音乐风格。这个过程中，学生需要发挥自己的想象力和创造力，不断探索和尝试新的音乐表达方式，从而培养出独特的创造力。学生还可以通过音乐编曲和表演来进行创意实践。编曲是将已有的音乐作品进行改编和重新演绎的过程，学生可以根据自己的理解和想法，对音乐进行重新编排和演绎，展现出自己的独特解读思想和风格。表演是将音乐作品通过演唱或演奏的方式呈现给观众，学生可以通过表演来展示自己对音乐的理解和情感的表达。这些实践活动不仅培养了学生的音乐技巧和表演能力，也激发了他们的创新思维和艺术表达能力，更培养了他们面对新问题和新挑战时的勇气和自信心。

其次，创意实践可以帮助学生培养自信心和自我表达能力。创意实践为学生提供了展示自己才华和个性的平台。通过音乐创作和表演，学生可以展示自己独特的音乐风格和才华，创造出的独特音乐作品，充分展现了他们创意和想象力。这种展示和认可可以增强学生的自信心，让他们相信自己的能力和价值。

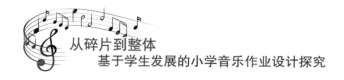
创意实践还能够帮助学生提高自我表达的能力。音乐是一种强大的表达工具，通过音乐的语言和表现形式，学生可以传达自己的情感和思想，用音乐的旋律、歌词、演奏技巧等将内心的世界表达出来。因此，学生可以不断锻炼自己的创造力、自信心和自我表达能力，为他们的个人发展和未来的职业道路奠定坚实的基础。

再次，创意实践可以促进学生对音乐的艺术欣赏和文化理解。通过参与创作和表演活动，学生可以深入了解不同风格、时期和地域的音乐作品，增加对音乐的理解和欣赏。这样的实践经验有助于培养学生的审美能力和文化素养。通过创作和表演音乐作品，学生可以亲身体验不同音乐风格和流派的特点和魅力。他们可以尝试创作和演绎古典音乐、流行音乐、民族音乐等不同类型的作品，从而对音乐的多样性有更深入的了解；可以通过研究和学习不同时期和地域的音乐作品，了解背后的历史、文化和社会背景，以便更好地欣赏和解读音乐作品，培养审美能力。创意实践还可以通过与其他学生或音乐专业人士的合作，拓宽学生的音乐视野。在创作和表演的过程中，学生可以与其他音乐人一起合作，交流和分享彼此的音乐理念和经验，促进对不同音乐观点和风格的理解，拓展对音乐的艺术欣赏能力。相同的，学生还可以参与音乐社群和活动，与其他音乐爱好者交流和互动，进一步丰富自己的音乐文化素养。总之，创意实践是培养学生音乐艺术欣赏和文化理解的重要途径，通过参与创作、表演和合作活动，学生可以深入了解音乐的多样性，提升自己的审美能力和文化素养，为他们的音乐之旅和人生之路带来丰富的经验和启发。

五、文化理解能力

文化理解也是核心素养之一，同样具有重要的意义。首先，通过音乐学习，学生可以接触和了解不同的音乐文化，培养跨文化意识。学生可以通过学习不同地区、不同时期的音乐作品，了解不同文化的音乐特点、表达方式和艺术风格，从而学会尊重和欣赏不同文化的多样性，培养跨文化交流和合作的能力。音乐作为一种全球性的艺术形式，承载了丰富的文化内涵和传统。通过学习不同地区和国家的音乐作品，学生可以了解不同文化背景下的音乐表达方式和艺术风格，可以学习到不同地区的音乐习俗、传统乐器和演奏技巧，从而深入了解不同文化对音乐的重视和作用，拓宽自己的视野，培养跨文化意识，尊重和欣赏不同文化。这将有助于学生在跨文化交流和合作中更加开放和包容，成为具有全球视野的综合型人才。

其次，音乐作为一种艺术形式，承载着丰富的文化内涵，通过学习音乐，学生可以深入了解不同文化的历史、传统和价值观，可以了解不同文化的音乐发展历程、音乐创作风格以及音乐在社会中的地位和作用。学生可以通过对音乐作品的欣赏和表演，感受和体验不同文化的美学观念和审美价值，提升自己的文化素养；可以通过欣赏古典音乐作品了解古代文化的精髓，通过欣赏民族音乐作品了解不同地区的民俗和传统乐器，通过欣赏现代音乐作品了解当代文化的表达方式。这样的学习经历可以让学生深入了解不同文化的历史和传统，感受和体验不同文化的美学观念和审美价值，激发对美的敏感性，培养艺术鉴赏能力和审美素养。

再次，音乐是文化的重要组成部分，通过学习和参与音乐，学生可以加深对自己文化身份的认同。他们可以学习和传承本土音乐文化，了解自己文化的独特之处，并在音乐表演和创作中展现自己的文化特色，增强自信心和身份认同感。音乐作为一种文化表达形式，承载着特定文化的情感、价值观和传统。通过学习本土音乐文化，学生可以深入了解自己所属文化的音乐传统和特色，可以学习本土音乐的演奏技巧、曲调结构和歌词内容，了解音乐与本土文化的紧密联系。通过学习和传承本土音乐，学生可以成为文化传承的一部分，为保护和传承本土文化做出贡献。在音乐表演和创作中，学生可以展现自己的文化特色，如选择本土音乐元素和风格，融入自己的创作和演奏中，又如运用本土乐器、语言、舞蹈等元素，展现自己对文化的理解和表达。通过参与音乐活动，学生可以与其他具有相同文化背景的人建立联系，形成文化共同体；可以与同样热爱本土音乐的人合作，共同探索和传承文化遗产。

总之，通过学习和参与音乐，学生可以加深对自己文化身份的认同，学习和传承本土音乐文化，并在音乐表演和创作中展现自己的文化特色。这样的经历不仅可以增强学生的自信心，还可以激发他们在音乐和其他领域中的创造力和积极性，促进文化的传承和多样性的发展。

第三节 小学音乐作业设计的策略

一、基于单元的小学音乐作业设计

1.深入分析单元内涵

在设计小学音乐单元作业时，首先需要仔细分析教材与课标，了解教材中所包含的知识点、技能要求和情感目标。仔细研读教材和课标的要求，可以帮助教师在设计作业时明确目标，确保作业与教学目标的一致性。分析教材与课标的过程中，教师需注意以下几个方面：首先，关注教材中涉及的音乐知识点，如音符、节奏、音高等，以及相关的音乐概念和术语；其次，了解教材对学生音乐技能的要求，如唱歌、演奏乐器、音乐创作等方面；再次，注意教材中所强调的情感目标，如培养学生的音乐欣赏能力、表达情感的能力等。教师明确每个单元的教学目标后，应根据目标设计相应的作业。作业应该与教学目标紧密相关，能够帮助学生巩固所学的知识和技能，并培养他们的情感态度；同时，也应该具有一定的挑战性，能够激发学生的学习兴趣和动力，促进他们的全面发展。

深入分析单元的内涵和主题是设计作业的重要一步。通过仔细研读单元的教学内容和主题，教师可以确定单元的核心概念和主题目标，从而有助于设计与主题相关的作业任务，促进学生对音乐概念的理解和运用能力的培养。例如，单元主题是节奏感的培养，教师可以设计一些与节奏感相关的作业，如打击乐器演奏或创作简单的节奏模式，让学生通过演奏打击乐器来感受和表达节奏，从而加深对节奏感的理解。教师还可以引导学生创作简单的节奏模式，锻炼他们的创造力和音乐表达能力，让学生更好地理解和应用所学的知识和技能，有机会在实践中运用节奏概念，培养音乐感知和表达能力。与主题相关的作业，可以激发学生的兴趣和积极性，使他们更加主动地学习。因此，设计小学音乐单元作业时，教师应该进行充分的教材和课标分析，深入研究单元的内涵，明确主题目标，并根据这些分析结果来设计有针对性的作业，以确保作业与教学目标的一致性，帮助学生取得预期的学习成果。

2.重组教材内容

在设计单元作业时，需要明确单元课文中知识间的联系，将教材内容进行补充、整合与重组，对相关知识点进行整合，帮助学生建立起知识的框架和脉络，促进他们对音乐知识的理解和应用能力的提升。单元作业可以设计成综合性的任务，要求学生将所学的知识点进行整合和应用。例如，可以设计一个创作音乐作品的任务，要求学生综合运用所学的音乐理论、节奏、和声等知识，创作出一首完整的音乐作品。通过这样的任务，学生能够实际运用教材中的知识点，加深对知识的理解和记忆。教师也可以通过补充相关的音乐素材或扩展阅读，丰富学生的音乐背景知识，拓宽他们的视野。例如，可以引导学生阅读与单元课文相关的音乐历史、音乐文化等方面的文章，或者引导学生收听不同风格、不同时期和不同地域的音乐作品，帮助学生深入了解音乐的多样性和文化背景，了解不同音乐风格的发展历程，以及不同文化背景下的音乐表达方式，从而帮助学生更全面地了解相关领域，培养他们的跨学科思维能力。

在明确单元课文中的知识联系后，教师可以将不同知识点进行整合，依据它们之间的关联，帮助学生建立起知识的框架和脉络，促进他们对音乐知识的理解和应用能力的提升。举例来说，单元中涉及音乐的节奏感和旋律构建，教师可以设计作业要求学生分析和演奏一首具有特定节奏和旋律的歌曲，学生则通过分析歌曲的节奏结构和旋律线索，理解节奏和旋律之间的关系，并运用所学的知识进行演奏。这样的设计不仅帮助学生将节奏感和旋律构建这两个知识点进行有机结合，还培养了他们的音乐表达能力和演奏技巧，有助于提高学生的综合应用能力和创造力，使他们在音乐学习中取得更好的成绩。

3.设计单元内不同阶段的教学目标

设计单元内不同阶段的教学目标可以确保学生在学习过程中逐步提高并达到预期的学习成果。根据学生的年龄、能力水平和学习需求合理设定阶段性目标，则可以帮助教师有针对性地进行教学和评估。

初级阶段，教学目标可以着重于学生对基本音乐概念和技能的掌握。通过教学，学生可以学习音乐的基本音高、节奏和音色，掌握简单乐器的演奏技巧，培养基本的音乐感知能力。这些目标旨在帮助学生建立起对音乐的基本认知和技能基础。在音高方面，学生可以学习音符的名称和音高的区分，

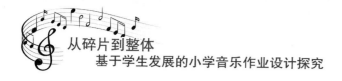

通过唱歌或演奏简单的旋律来锻炼音高感知能力。在节奏方面，学生可以学习基本的节奏和拍子，通过打击乐器或身体动作来感受和表达不同的节奏模式。在音色方面，学生可以学习不同乐器的声音特点，通过尝试演奏简单乐器来培养音色辨别能力。此阶段的教学目标还包括培养学生的音乐感知能力。学生可以通过听音乐、参与音乐活动、表演来感受和理解音乐中的情感表达。同时，教师应引导学生观察音乐的表演和演奏技巧，帮助他们发展对音乐的欣赏和理解能力。总之，初级阶段教学目标的重点是让学生掌握基本的音乐概念和技能，培养他们对音乐的兴趣和感知能力，为进一步的音乐学习奠定坚实的基础。

中级阶段，教学目标可以侧重于学生运用所学的知识进行创作和表演。学生可以学习音乐的构成要素和表现手法，探索音乐的创作过程，通过合作和个人创作展示各自的音乐才华。此阶段的目标是培养学生的创造力和表达能力，让他们能够独立进行音乐创作和表演。在音乐构成要素方面，学生可以学习和理解和声、旋律、节奏、和弦等音乐元素的关系和运用方法，可以通过分析和演奏不同风格的音乐作品了解音乐创作中的技巧和手法。在表现手法方面，学生可以学习如何运用动态、速度、音色等手段来表达音乐的情感和意义，可以运用所学的知识和技能创作自己的音乐作品，可以尝试编写简单的旋律、和声或设计音乐的表演形式。在表演方面，学生可以通过独奏、合奏或合唱等形式展示自己的音乐才华。通过这样的目标教学，学生能够培养创造力、表达能力和团队合作精神，能够进一步发展他们的音乐才能和艺术追求。

高级阶段，教学目标可以着重于深入理解音乐的艺术性和文化内涵。学生可以学习不同音乐风格和流派的特点，分析音乐作品的结构和表达方式，探索音乐与社会文化的关系。此阶段的目标是培养学生对音乐的深度理解和解决问题思维，让他们能够欣赏和评价高质量的音乐作品。学生可以通过学习不同音乐风格和流派，如古典音乐、民族音乐、爵士乐等，了解它们的特点、历史背景和文化内涵；可以学习分析音乐作品的结构和形式，探索作曲家的创作意图和表达方式；可以研究音乐与社会文化的关系，了解音乐在不同时代和地域的发展，以及音乐对社会、政治和文化的影响。此阶段的教学目标还包括培养学生的解决问题思维和欣赏能力。学生可以学习如何评价音乐作品的艺术质量，分析其创新性、表达力和技巧；可以学习如何表达自己的音乐观点和意见，参与音乐讨论和批评。在欣赏和评价高质量的音乐作品中，学生可以提高审美水平和音乐素养。

通过明确不同阶段的教学目标，教师可以有针对性地设计教学活动和评估方式，确保学生在每个阶段都能够有所收获，并逐步提高他们的音乐能力和素养。教师可以根据每个阶段的目标，选择适合的教学方法和资源，帮助学生掌握所需的音乐概念、技能和知识。例如，在初级阶段，可以采用互动式的音乐游戏和活动，让学生通过体验和感知来学习基本的音乐要素；在中级阶段，可以引导学生进行小组合作，进行音乐创作和表演，培养他们的创造力和表达能力；在高级阶段，可以组织学生进行音乐作品的分析和批判性讨论，让他们深入理解音乐的艺术性和文化内涵。评估方式也应与教学目标相匹配。教师可以通过观察学生的表现、听取他们的演奏或创作作品，以及进行书面测试或项目报告等形式，来评估学生在不同阶段的音乐能力和理解水平。这样的评估可以帮助教师了解学生的学习进展，及时调整教学策略，促进学生的发展和成长。

4.组织形式多样的教学活动

在设计音乐作业时，应根据学生的学习情况，组织不同形式的教学活动。学生的学习兴趣和学习方式各不相同，因此，在设计单元作业时，可以采用多种形式的教学活动，如小组讨论、实验探究、角色扮演、艺术创作等。多样化的活动能够吸引学生的注意力，激发他们的好奇心和求知欲，提高他们的参与度和学习动力。不同学生在学习上存在着差异，有些学生可能更善于听讲，有些学生可能更善于实践，在设计单元作业时应考虑到学生的不同学习需求，提供多种学习方式和机会，将可能取得更好的教学效果。例如，可以提供阅读材料、观看视频、进行实验、展开调查等多样化的学习活动，满足不同学生的学习需求，更好地激发学生的学习兴趣和主动性，提高他们的参与度和学习效果，促进他们的全面发展。

二、基于跨学科理念的小学音乐作业设计

1.跨学科融合

近年来，跨学科研究得到了广泛的发展和应用，其特点主要有两点。第一，跨学科研究的问题涉及多个学科。这意味着研究问题的复杂性超出了单一学科的范畴，需要借助多个学科的知识和方法来进行综合研究。例如，研究气候变

化的问题涉及气象学、地球科学、生态学、社会学等多个学科的知识和方法，当单一学科的知识无法全面解决这些复杂问题，跨学科的合作和综合研究就变得必要。第二，跨学科研究所涉及的学科知识之间存在一定的联系。不同学科之间的知识点并非孤立存在，而是相互关联和相互影响的，跨学科研究通过探索不同学科之间的联系，可以促进知识的交流和融合，从而深化对问题理解和解决方案的探索。例如，生物学和化学之间的联系可以帮助我们理解生物体内的化学反应机制，进一步揭示生命的奥秘。跨学科研究的发展，为解决复杂问题提供了一种综合的方法，在整合不同学科的知识和方法中，可以更全面、深入地理解问题，并提供创新的解决方案。可以说，它促进了学科之间的合作与交流，推动了学术领域的发展和进步。

新课标提出，音乐教学应当通过以音乐为主的艺术实践形式，并有机地渗透和运用其他艺术表现形式以及相关的学科知识，以提升学生的综合素质水平。这一要求为音乐教学开展跨学科融合指明了方向。音乐教学是以音乐为主的艺术实践形式，学生可以从中亲身参与音乐创作、演奏、欣赏等活动，培养音乐表达能力、审美能力和艺术创造力。同时，音乐教学还应当有机地渗透和运用其他艺术表现形式，如舞蹈、戏剧、美术等，以丰富学生的艺术体验和理解。通过跨艺术形式的融合，学生可以综合运用不同艺术语言和技巧，拓展音乐的艺术表达能力和创造力。此外，音乐教学还应当有机地融合相关的学科知识，打通音乐与数学、语言、历史等学科之间的联系，提供更丰富的学习内容和更深入的学习体验。例如，在音乐教学中可以引入数学概念，让学生了解音乐的节奏、音高等与数学有关的元素。又如，通过学习音乐的历史背景，学生可以了解音乐与社会、文化的关系，培养他们的历史意识和文化素养。

2.作业设计策略

首先，在设计小学音乐作业时，可以利用艺术（如美术、文艺）之间表现情感的联系帮助学生提升审美能力，可以创造更丰富、有趣的学习体验激发学生的创造力和表达能力。比如用绘画表达音乐中的情感，学生可以选择自己喜欢的音乐作品，借助色彩、线条和形状等美术元素，将音乐中的情感转化为视觉形式，用绘画表达音乐中的欢乐、悲伤、安静、激动等情感，展示对音乐的理解和感受。又如在音乐的基础上创作诗歌或故事，学生可以选择一首音乐作品，通过倾听和感受音乐中的旋律、节奏和情感，创作与之相关的诗歌或故事，运用语言文字来表达音乐所传达的情感和意义，展示对音乐情感的理解和表达。

这种跨学科的融合不仅可以拓展学生的艺术表达能力和审美意识，还可以促进学科之间的相互渗透和综合发展，让学生在不同艺术形式和学科的交融中体验到艺术的多样性和丰富性，培养综合素质和创造力。

其次，音乐是与生活紧密相关的艺术形式，设计作业时应结合日常社会生活实际。通过选择与学生生活经验相关的主题，如家庭、友谊、自然等，可以激发学生对这些主题的理解和感受，并通过音乐表达出来。例如，可以要求学生选择一首与家庭有关的音乐作品，通过演奏、歌唱或创作来表达对家庭的情感和思考。又如，可以引导学生观察和感知周围的音乐元素，如自然声音、城市噪音等，收集和记录这些音乐元素，并将它们融入自己的音乐创作和表演中，创作一个原创音乐作品，将收集的声音与乐器演奏进行对比和融合。这样的设计能够增强学生音乐与生活的联系，培养他们的观察力和创造力，并提高他们在实践中运用音乐的能力。通过结合日常生活实际的设计，学生将能够更深入地理解音乐的意义和作用，同时提升创造力和实践能力，从而创造一个有意义、有趣且与生活密切相关的音乐学习环境。

再次，音乐与地理等其他学科的融合是一种创新的教学方法，能够帮助学生更好地理解音乐的多样性。如将音乐与地理相结合，可以选择不同地理环境下的音乐作品进行欣赏和分析，从而让学生深入了解不同地域的音乐风格、乐器和表演方式。教学中，可以选择来自不同国家或地区的音乐作品，让学生通过欣赏和分析这些作品，了解不同地理环境对音乐创作的影响；可以通过研究音乐中所使用的乐器和演奏方式，了解不同地域的音乐特色；可以通过学习音乐中所表达的情感和意象，感受不同地理环境所带来的情感体验。除了欣赏和分析音乐作品，还可以引导学生通过音乐创作来表达对不同地理环境的感受和想象，让学生根据自己对不同地域的了解和感受创作出具有地域特色的音乐作品，增强文化理解能力，培养跨文化交流与合作的意识。

三、基于项目化学习的小学音乐作业设计

1. 项目化学习

项目化学习是一种教学方法，最早由美国教育家威廉·克伯屈在其1918年的著作《项目式教学方法》中提出。这种教学方法的核心是以项目为基础，通过逐步深入地探究问题，让学生通过实践和体验的方式获取知识。在项目化

学习中，学生将参与到一个具体的项目中，这个项目可以是一个实际的任务、一份调查研究或一个创造性的设计。学生将在项目中扮演主动的角色，通过自主学习和合作学习的方式，解决问题、探索知识，并最终完成项目目标。项目化学习注重学生的主动参与和探究行为，鼓励学生在实际情境中运用所学知识和技能解决问题。通过项目的设计和实施，学生将面临真实的挑战和问题，需要运用多学科知识和技能来解决，能够培养学生的解决问题思维、创新能力和解决问题能力。在项目化学习中，学生还将通过合作学习和团队合作来完成项目，需要与同学分工配合，协调资源和时间，共同解决问题。总之，项目化学习是一种以项目为基础的教学方法，通过实践和体验的方式，让学生在真实情境中探究问题、解决问题，培养学生的解决问题思维、创新能力和解决问题能力，培养学生的合作学习和团队合作能力，使学生在实操中互相学习、共同成长。

在项目化学习的实施过程中，学生将面临各种挑战和问题，需要运用到多学科的知识和技能，为探索和获取所需的信息，可能需要阅读相关文献、采访专家、进行实地调研等，以收集所需的背景知识和数据。然后，学生需要对收集到的信息进行分析和整合，形成对问题的深入理解和解决方案的构想。最后，学生进行反思和评估。这一环节很重要，他们要对项目的过程和结果进行总结和评价，回顾自己在项目中的表现，思考自己的成长和不足之处，并提出改进的建议，如此一来，能培养学生的批判思维能力和自我反省的能力，有利于他们在实践中不断探索、尝试和反思，为未来的学习和职业发展打下坚实的基础。

项目化学习的优势在于它能够激发学生的学习兴趣和主动性。通过参与真实而有意义的项目，学生能够感受到学习的重要性和实用性，从而更加积极主动地参与学习过程。传统的课堂教学往往以知识的传授和考试为中心，学生可能会感到学习的枯燥和缺乏动力。而项目化学习则将学习与实际问题和情境相结合，使学生能够在真实的场景中运用所学知识和技能解决实际的问题。这种学习方式能够激发学生的学习兴趣，让他们感受到学习的实际意义和应用价值。在项目中，学生还需要与他人合作、交流和分享想法。他们需要协作解决问题，分工合作，相互支持，学会倾听。通过这样的团队合作，学生能够培养合作意识、协作能力和团队精神。同时，项目化学习也鼓励学生进行思想交流和表达，提高他们的沟通能力和表达能力。一句话，项目化学习通过激发学生的学习兴趣和主动性，促进了学生对知识的掌握，培养了学生的团队合作和沟通能力，为他们的综合素养和未来的发展奠定坚实基础。

2.作业设计策略

首先，是在学习中设计实践性任务。基于项目化学习理念的小学音乐单元作业设计可以在很大程度上强化学生的实践能力，设计让学生亲身参与音乐创作、表演或欣赏活动等实践性任务，从而有效地培养他们的音乐实践能力。如要求学生合作编排一场音乐剧，学生将扮演不同的角色，从编写剧本、设计舞台布景、选择音乐曲目，到排练演出，参与到音乐剧的各个环节中，不仅能够学习音乐剧的基本知识和技巧，还能够培养他们的表演技巧和创造力。在音乐剧的编排过程中，学生需要相互合作，共同解决问题，需要学会倾听和尊重他人的意见，学会协调和合作，由此，学生能够培养团队合作的意识和能力，提高沟通和表达能力。在音乐剧的表演过程中，学生还需要发挥自己的创造力和表演技巧，通过表演来传达角色的情感和形象，吸引观众的注意力。除了音乐剧，还可以设计其他实践性的任务，如让学生进行音乐创作、动手编写音乐作品等。

其次，学生在完成任务中收集资料，拓展了知识面。项目化学习注重学生的主动探究和自主学习，这一理念在小学音乐单元作业设计中也得到了应用。通过在完成任务的过程中收集相关的音乐资料，学生可以拓展知识面并培养自主学习能力。比如，要求学生调查不同音乐风格的特点，学生可以利用图书馆、互联网等的资源，收集关于不同音乐风格的资料，了解各种音乐风格的起源、特点、代表作品以及在不同文化背景下的发展情况，在比较分析中更加深入了解音乐的多样性，培养信息收集和分析的能力。在完成任务的过程中，学生需要主动寻找和筛选相关的音乐资料，学习如何使用图书馆的索引系统，学习如何利用互联网搜索引擎来获取可靠的音乐资料，从而培养信息收集的技巧，学会评估和选择合适的资料。此外，学生还可以通过收集音乐作品的资料来进一步了解不同音乐风格，如选择一些代表性的音乐作品，收集有关作曲家、演奏者、演出情况等方面的信息。这样的任务设计，使学生不仅能够扩展知识面，深入了解音乐的多样性，还能够培养信息收集和分析的能力，激发学习兴趣，培养自主学习能力，并为他们未来的学习和发展奠定坚实的基础。

再次，利用信息技术手段进行作业设计。在基于项目化学习理念的小学音乐单元作业设计中，充分利用信息技术手段可以为学生提供更广阔的创作和表达空间。通过引入音乐制作软件和多媒体展示工具，学生可以在作业设计中充分发挥信息技术的作用，提升他们的信息技术应用能力，并将音乐与技术融合，创造出更丰富多样的作品。比如，要求使用音乐制作软件创作音乐作品，让学生通过学习和使用音乐制作软件自主创作属于他们的音乐作品。学生可以选择不同的音乐元素、乐器声音和节奏，将它们组合起来创作出独特的音乐作品，不仅能够培养创造力和表达能力，还能够提升他们的音乐理解和技巧。在音乐制作软件的操作过程中，学生将学习如何使用不同的音效和音轨，如合成器、鼓机和和声，以丰富音乐作品；还将学习如何调整音量、平衡和混音，以及如何添加特效和过渡效果，从而提升音乐作品的质量和表现力。又如要求使用多媒体展示工具制作供音乐欣赏的PPT，学生可以将自己喜欢的音乐作品与图像、文字和视频相结合，制作出精美的PPT；可以选择适当的背景图片或视频，添加歌词和解说词，展示音乐作品的背景故事、音乐元素和表现形式。在这个过程中，学生不仅能够提升他们的多媒体制作技能，还能够深入理解音乐作品的内涵和艺术特点，并通过展示与他人分享自己的感受和理解。

四、基于跨龄合作学习的小学音乐作业设计

基于不同年龄段小学生合作的作业设计，是一种有益于学生发展的教学方法。通过合作作业设计，小学生可以在团队中相互交流和合作，培养合作意识、沟通能力和团队精神。在此类作业设计中，应注意以下几个方面。

首先，作业设计应考虑学生的年龄特点和发展水平。不同年龄段的小学生具有不同的认知能力和兴趣爱好，设计作业需要根据他们的年龄特点进行针对性的设计。对于低年级的小学生，可以设计一些简单的合作作业，如小组绘画或共同完成一个任务。对于高年级的小学生，可以设计更复杂的合作作业，如小组研究项目或共同创作一个故事。通过考虑年龄特点，作业设计可以更好地满足学生的学习需求。

其次，作业设计应鼓励学生的互助和合作。合作作业设计的目的是促进学生之间的互相帮助和合作，可以设置一些任务，要求学生在小组内相互交流、分享知识和经验，共同解决问题。例如，可以设计一道需要小组成员相互讨论和合作才能解答的问题，让学生在互相学习和促进中成长。

再次，作业设计应注重个体发展和团队合作的平衡。虽然合作作业设计强调小组合作，但也应注重每个学生的个体发展，可以设置一些个体任务，要求学生在小组合作的基础上完成个人任务，这样既能培养学生的个体能力和独立思考能力，又能促进团队合作和协作能力的发展。

下面以合唱为例进行分析：

合唱作为一种集体表演形式，需要学生之间密切合作、相互配合，共同完成音乐作品的演唱。在合唱作业中，学生需要学会与其他合唱团成员一起调整声音、节奏和音准，以达到整体和谐的效果；需要互相倾听和理解，共同协调各个声部的演唱，确保音乐作品的完美呈现。这样的合作过程不仅需要学生发挥个人的音乐素养和技巧，还需要他们与团队成员密切配合、共同努力，他们会意识到每个人在团队中的重要性，明白只有通过团队的共同努力，才能达到更高的艺术水平。

合唱作业需要学生在集体中发挥自己的作用，积极参与排练和演出，让学生感受到自己在团队中的重要性和作用，增强对作业的责任感和主动性。学生在合唱作业中扮演着特定的角色，如领唱、和声、伴奏等，每个人的表现都对整个合唱作品的质量和效果产生影响。这种集体性质促使学生认识到自己的付出对整个团队的成功至关重要，激发了他们对作业的责任感和参与度。合唱作业的集体性质也能够激发学生的竞争意识。他们会意识到自己的表现与其他团队成员的表现存在比较，这促使他们更加努力地完成作业，争取取得优秀的表现。这种竞争意识可以激发学生的学习动力，推动他们不断提升自己的音乐技巧和演唱水平。

达明小学合唱活动

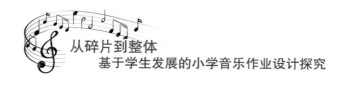

在合唱作业中，音乐教师可以收集和整理合唱歌曲的文化因素，包括时代背景、生活场景、地域特色、民族特征等，并将这些文化因素传达给学生。通过深入了解歌曲的文化背景，学生可以更好地理解和演绎歌曲的内涵，增加对歌曲的情感投入。教师还可以通过图片、视频等多媒体形式展示相关的文化场景，帮助学生更加直观地感受歌曲所表达的文化内涵。通过对歌曲文化因素的深入探究，学生可以更加全面地理解歌曲的意义和情感表达，可以通过学习歌曲的文化背景将自己融入歌曲所描绘的情境中，从而更加真实地演绎歌曲。

第四章

小学音乐作业的评价管理

第一节 作业反馈的"趣""实""活"

音乐作为一门艺术学科，在小学阶段的教育中扮演着重要的角色。为了促进学生的全面发展，评价管理在小学音乐作业中具有重要意义。有效的评价管理可以对学生的学习成果进行准确的评估，为他们提供有针对性的反馈和指导。评价不仅要关注学生的音乐技能和知识掌握程度，还要注重学生的表现能力、创造力和音乐表达能力。教师可以采用多种评价方法，如观察记录、作品展示、口头表达等，全面了解学生的音乐发展情况，激发学生的学习动力。教师还应培养学生的自我评价和自我管理能力。学生通过参与评价过程，了解自己的优势和不足，明确学习目标，制定学习计划，并不断反思和调整自己的学习策略。这种自主评价和自我管理的能力培养，将对学生的学习效果和学习习惯产生积极影响。在小学音乐作业的评价管理中，引导学生发展是关键，不仅要关注学生的成绩，还要注重学生的个体差异和发展进程。教师应根据学生的兴趣、能力和学习特点，设计科学合理的评价策略和方法，确保评价的公正性和有效性。评价结果也应及时反馈给学生和家长，帮助他们了解学生的学习情况，便于共同制定进一步的学习计划，助力提高小学音乐教育的质量，为学生的音乐学习和发展提供良好的支持和指导。

在基于学生发展的小学音乐作业评价管理中，作业反馈是非常重要的一环，不仅可以帮助学生了解自己的学习情况，还可以激发学生对学习的兴趣和动力。作业反馈应该及时、具体和个性化，教师可以通过书面反馈、口头反馈或一对一指导等方式向学生提供反馈。反馈内容应该准确指出学生在音乐作业中的优点和需改进之处，让学生清楚自己的成绩和进步方向。作业反馈还应该鼓励学生继续努力探索。教师可以给予积极的鼓励和肯定，激发学生对音乐学习的兴趣和热情；可以提供具体的建议和指导，帮助学生改进音乐技能和表达能力。及时的作业反馈，可让学生更好地了解自身的学习情况，认识到自己的潜力和不足之处，并根据反馈指导调整学习策略，努力提升自己。这种积极的反馈可以激发学生对学习的兴趣和动力，推动他们在音乐学习中不断成长和进步。

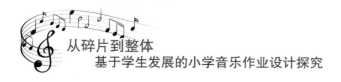

在小学音乐作业的评价管理中，作业反馈应该具备"趣""实""活"的特点。

一、趣

趣味性是作业反馈中的一项关键要素，它能够激发学生对学习的兴趣，使他们更加积极主动地参与学习。趣味性的反馈需通过创意和有趣的方式呈现，如可以使用图表、彩色标记或奖励系统等方式将反馈变得生动有趣，使学生在接收反馈的同时感到愉悦。通过趣味性的反馈，学生会感到被重视和关注，会更加积极地参与学习并努力提升自己。趣味性的反馈还可以激发学生的创造力和想象力，让他们在学习过程中体验到乐趣和成就感。因此，在小学音乐作业的评价管理中，注重趣味性的反馈对激发学生的学习兴趣和动力具有重要意义。

趣味性的反馈可以通过多种方式实现。教师可以运用创意的评价形式，如音乐游戏、角色扮演或小组合作活动，让学生在轻松愉快的氛围中接受反馈。学生分成小组后，共同解答音乐谜题，互相交流和讨论，通过合作达到共同的目标。通过这些趣味性的反馈方式，学生不仅能够享受学习的过程，还能够积极参与其中，提升音乐能力和综合素养，培养合作精神、创造力和解决问题能力，为他们的综合发展奠定基础。

教师还可以利用多媒体技术和互动工具，创造出生动有趣的反馈形式。例如，教师制作音乐视频，展示学生的作品并进行点评，学生可以通过观看自己和他人的表演，从中获得启发和改进的方向。又如，教师利用在线平台和应用程序，设计互动的评价活动，让学生通过游戏、竞赛等方式参与反馈过程，增加学习的趣味性和参与度。通过趣味性的反馈，学生能够更加享受学习的过程，激发学习兴趣和动力，更加主动地参与到作业中积极探索和尝试，提升音乐能力和素养。趣味性的反馈也能够促进学生之间的交流和合作，培养良好的学习氛围和团队精神。

在音乐作业的评价管理中，口头评价、书面评语、音频或视频录制等都是常见的反馈形式。口头评价可以在课堂上进行，让学生直接听到教师的肯定和建议，激发他们的学习热情。教师可以通过口头表扬和鼓励，让学生感受到努力被认可；也可以提供具体的指导和建议，帮助学生改进不足之处。书面评语是另一种常见的反馈形式。教师可以通过书面形式详细记录学生的优点和不足，给予具体的指导和建议。书面评语可以让学生更好地了解自己的学习情况，帮助他们认识到自己的优势和需要改进的方面；同时，也便于学生和家长回顾和反思。音频或视频录制是一种更具体、直观的反馈方式。通过录制学生的演奏或歌唱，教师可以通过声音和影像的方式展示学生的表现。学生可以在回放中观察和反思自己的学习过程，从中发现问题并寻找改进的方法，从而获得进步。

此外，作业反馈还可以通过赞扬和鼓励的方式进行。当学生在音乐作业中取得进步或表现出色时，教师应及时给予肯定和赞扬，让学生感受到自己的努力和成就得到了认可，激发学生的自信心，增强学生学习的积极性和动力。学生在音乐作业中可赞扬的方面有很多，如技巧的进步、音乐表达的准确性、演奏的感情表达等，教师的肯定让学生感受到努力和付出得到了认可，能促进他们继续保持良好的学习状态，从而不断挑战自我，取得更大的进步。

二、实

实是指作业反馈要注重实效，确保学生能完成作业布置和设计的既定目标，能牢固地掌握所学知识。在小学音乐作业的评价管理中，教师可以根据学生的实际表现，给予具体的指导和建议，帮助他们发现不足之处，并提供相应的学习资源和方法。教师可以通过对学生作业的评价和反馈，确保学生对所学知识的理解和掌握达到预期的水平。对于学生的演奏作品，教师可以评价演奏技巧的准确性、音乐表达的质量等方面，并提供具体的改进建议，如加强练习特定的乐句或注意节奏的稳定性。对于学生的音乐分析作业，教师可以评价分析的深度和准确性，并提供相关的学习资源和方法，帮助学生进一步提升分析能力。教师还应根据学生的实际表现，调整作业的难度和要求，确保作业的实效性。如果学生在某个领域表现出较高的水平，教师可以提供更具挑战性的作业任务，促进他们的进一步发展。而对于一些学生可能存在困难的领域，教师可以提供更多的指导和支持，帮助他们克服障碍，提高学习效果。通过实效性的作业反馈，学生可以更加明确自己的学习目标，了解自己的优势和不足，并有针对性地进行学习和提升。这样的评价管理能够帮助学生建立自信，提高学习动力，进一步推动他们在音乐学习中取得更好的成绩。

在音乐作业的评价中，教师可以通过仔细观察学生的表现，对他们的作业进行全面而具体的反馈。教师的具体指导和训练方法可以根据学生的个体差异进行调整和设计。教师可以指出学生在音乐技巧、乐理知识、节奏感等方面的

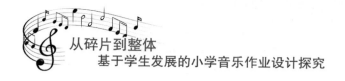
不足，并提供相应的指导和训练方法。例如，对于技巧不够熟练的学生，可以提供更多的练习材料和练习方法，帮助他们加强技巧的训练；对于乐理知识不够扎实的学生，可以提供清晰的解释和示范，帮助他们理解和掌握相关概念。通过这样的实际反馈和指导，学生可以更好地了解自己的学习进展，并有针对性地进行改进和提高。教师还可以鼓励学生积极参与音乐活动和演出，以提升他们的音乐表现能力和自信心。通过实际的演出评价，学生可以获得更直接的反馈，并在实践中不断提高音乐能力。

教师根据学生的实际表现提供的相应内容，包括相关的学习资料、音乐作品或演出视频，以及提供练习乐曲和练习计划等。通过提供实际有效的学习资源和方法，学生可以更加有针对性地进行学习，加强对音乐知识和技能的掌握。推荐的学习资料，包括音乐教材、教学视频、音乐理论书籍等，可帮助学生深入理解音乐知识和概念。推荐一些优秀的音乐作品或演出视频，可让学生欣赏和学习优秀的音乐表演，从中汲取灵感和启发。教师亦可以根据学生的水平和目标，提供适合他们的练习乐曲和练习计划，帮助学生有条不紊地进行练习，逐步提高技巧和表现能力。教师更可以指导学生如何有效地练习，注意练习的重点和难点，以及如何进行自我评估和反思，便于学生更加有针对性地进行学习，加强对音乐知识和技能的掌握。

三、活

活是指作业设计的形式要灵活多样，以适应不同学生的学习需求和兴趣，激发他们的创造力和想象力。在小学音乐作业的评价管理中，作业反馈可以通过多种形式呈现，如个人作业、小组合作作业和演出评价等。

个人作业是指每个学生独立完成的作业任务。这种形式可以让学生独立思考和表达，展示他们个人的音乐才能和理解能力。教师可以对每个学生的作业进行个别评价和反馈，帮助他们发现自己的优点和不足，并提供相应的指导和建议。在个人作业评价中，教师可以针对学生的音乐演奏、创作或分析作品进行详细的分析和评估。例如，对于学生的演奏作品，教师可以评价音准、节奏、表现力等方面，并提供具体的改进建议，如通过练习特定的乐句或运用特定的演奏技巧来提升演奏质量。对于学生的创作作品，教师可以评价创意、结构、表达等方面，并提供相关的创作技巧和方法，帮助学生进一步提升创作水平。

个人作业评价还应该关注学生的个人成长和进步。教师可以对学生在作业过程中展现的努力、积极性和自主学习能力给予肯定和赞扬，鼓励他们继续努力；可以提供有针对性的建议和挑战，帮助学生超越自我，不断提高自己的音乐能力。通过个人作业的评价和反馈，学生可以更好地了解自己的音乐水平和发展方向，从而有针对性地进行学习和提升水平。

小组合作作业是指学生在小组内共同完成的作业任务。通过合作与协作，学生可以互相学习和借鉴，共同创作出音乐作品。这种形式可以培养学生的团队合作精神和沟通能力，让学生在合作中相互启发和激发创造力。在小组合作作业中，教师可以对整个小组的表现进行评价和反馈，鼓励他们共同努力，发挥各自的才能，形成良好的团队氛围。在小组合作作业评价中，教师可以评估小组成员之间的合作程度，包括沟通协调、分工合作和互相支持等方面。教师可以观察小组成员之间的互动情况，了解他们在合作过程中的角色和贡献；可以评价小组作品的整体质量，包括合奏的协调性、合唱的和谐度和创作作品的创意等方面。通过对小组的整体表现进行评价和反馈，教师可以激励学生团队合作的意识，鼓励他们共同努力，实现共同目标。在评价和反馈过程中，教师应该提供具体的指导和建议，帮助小组发现问题并改进。例如，教师提供合奏技巧的指导，帮助小组提升演奏的协调性；或者提供创作技巧的建议，帮助小组创作出更富有创意的音乐作品；或者鼓励小组成员互相学习和借鉴，分享彼此的经验和才能，促进他们在合作中共同成长。通过小组合作作业的评价管理，学生不仅可以展示个人才能，还可以培养团队合作精神和创造力，提高综合能力和表达能力。

演出评价是另一种活的作业反馈形式。通过组织音乐演出或参加音乐比赛，学生可以将自己的音乐才能展示给他人。演出评价不仅可以由教师进行评价，还可以邀请专业音乐人士或其他学生进行评价，从而为学生提供更全面和多元的反馈，激励他们不断提高自己的演奏技巧和表演能力。现代技术手段也可以在音乐作业的评价中发挥重要作用。例如，利用音乐制作软件可以让学生将音乐与技术相结合，创造出更丰富多样的作品；多媒体展示工具则可以帮助学生将他们自己的音乐作品以更生动、多样的方式展示出来，增加作业的趣味性和吸引力。

综上所述，在基于学生发展的小学音乐作业的评价管理中，作业反馈应该具备趣、实、活的特点。首先，趣味性的反馈形式能够激发学生的学习兴趣和

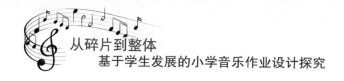

参与度。教师可以运用创意和互动的方式，设计有趣的评价形式，激发学生的学习动力。其次，实用性的反馈内容能够帮助学生更好地了解自己的学习情况和进步方向。评价反馈应具体明确，指出学生的优点和不足，并给予具体的建议和指导。例如，针对学生的演奏作品，可以提供具体的技巧改进建议，帮助他们提高演奏技巧；对于创作作品，可以给予创意和结构方面的指导，促使学生在创作中不断进步。最后，活跃性的反馈形式能够促进学生的自主思考和交流。教师可以组织学生之间的互评或小组讨论，让学生分享彼此的作品和观点，从中获得反馈和启发。此外，教师还可以鼓励学生参与音乐表演、展示或比赛等活动，提供实际的舞台和机会，让学生展示自己的音乐才能，并从中获得更多的反馈和成长机会。总之，趣、实、活的作业反馈可以激发学生的学习兴趣和参与度，帮助他们更好地了解自己的学习情况，促进他们的全面发展和音乐素养的提高。

第二节　作业驱动评价升级

　　作业评价是音乐作业设计的重要组成部分，在教学组织形式中起到必要的补充作用。作业评价的意义在于能够加深学生对课堂知识和教材的理解与巩固，帮助他们进一步掌握相关的技能和技巧。作业评价通过对学生完成的作业进行分析和评估，可以帮助学生深入理解和巩固课堂所学的知识和教材内容。在作业评价的过程中，教师可以对学生的作品进行细致的分析和点评，帮助学生发现问题并加以改进，使学生进一步巩固所学的知识，提高对音乐的理解和运用能力。作业评价还能够帮助学生进一步掌握相关的技能和技巧，让学生了解自己在技能和技巧方面的优势和不足，从而有针对性地进行训练和提高。总之，作业评价在音乐教育中具有重要的作用，不仅加深了学生对课堂知识和教材内容的理解与巩固，还帮助学生进一步掌握相关的技能和技巧。

　　作业评价不只是对学生作业的简单批改，更是一个了解学生学习情况的重要途径。通过评价学生的作业，教师可以了解学生对所学内容的理解程度和掌握情况。如果发现学生在作业中存在错误或不足之处，教师可以及时纠正并提供指导，帮助学生克服学习难题，确保他们正确掌握知识和技能。作业评价还能够激发学生的学习动力和主动性。当学生知道自己的作业会被认真评价并得到反馈时，他们会更加努力地完成作业，思考问题，主动寻求解决方案。这种积极的学习态度和主动性有助于学生培养自主学习的能力，提高学习效果。作业评价还提供了一个反馈机制，可以告诉学生自己在哪些方面做得好，哪些方面还需要改进，让学生了解自己在学习上的优势和不足。学生可以根据评价结果有针对性地调整学习方法和策略，提升自己。这样的反馈机制有助于学生建立自我认知，发展自我反思和自我调整的能力，从而不断提高学习水平和成绩。

一、指明学习方向

　　作业驱动评价应该合理引导，为学生指明学习方向。音乐作业设计应该

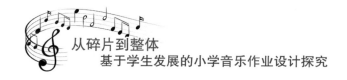

明确目标和要求，通过作业驱动评价及时发现学生的知识掌握情况和问题，并针对性地进行指导和辅导。所得评价结果可以为学生提供具体的学习反馈，帮助他们了解自己的学习情况，明确学习方向，激发学习动力。在作业设计评价中，教师应该明确作业的目标和要求，让学生清楚知道完成作业的目的和预期结果。为此，作业驱动评价可以通过多种方式进行。例如，教师可以设计具有挑战性的作业任务，要求学生运用所学的音乐知识和技能进行创作或演奏，教师则根据作业的完成情况和质量，给予学生具体的评价和建议，让学生得以展示才能并发现自己在音乐方面的不足之处。

作业驱动评价的结果应该具体明确，以便学生能够清楚地了解自己的学习情况，并根据评价结果调整学习策略和行动计划，从而激发学习动力，不断提升学习能力和水平。在作业驱动评价中，评价结果应该具体明确，包括对学生在知识掌握、技能运用、理解深度等方面的评价，从而帮助学生了解他们在学习中的表现和成绩，明确他们的学习优势和不足之处。通过具体明确的评价结果，学生可以有针对性地调整学习策略和行动计划，进一步提升学习能力和水平。评价结果还应该提供具体的建议和指导，帮助学生改进学习方法和提高学习效果，针对学生的不足之处提供相应的指导和辅导，帮助他们克服困难，提升学习成绩。

总之，作业驱动评价在音乐教育中具有重要的作用，它能够合理引导学生的学习，明确学习方向，及时发现问题并提供指导，为学生提供具体的学习反馈，帮助他们不断提高自己的音乐素养和技能。

二、帮助巩固知识

作业评价可以帮助学生巩固知识。音乐作业设计应该与学习内容紧密结合，通过作业评价的方式，让学生在完成作业的过程中巩固和运用所学的知识和技能。与之相应的是，作业设计应该具有一定的挑战性，能够促使学生主动思考和运用所学的音乐知识。例如，教师可以设计作业要求学生分析一首乐曲的结构和表现手法，或者要求学生运用所学的和声和节奏知识创作一个音乐作品。学生在完成作业的过程中，需要运用所学的知识和技能，巩固并深化对音乐的理解。在作业评价时，教师可以结合作业目标对学生的作业给予详细的分析和反馈。评价结果可以让学生了解自己在运用音乐知识和技能方面的表现，从而更好地巩固和提升自己的学习成果。

教师在评价过程中可以综合考虑学生的作业完成情况、知识掌握程度、技能运用能力以及思考和解决问题的能力等方面。评价结果不仅仅是对学生的学习成绩的评估，更重要的是为学生提供具体的帮助和指导。教师可以根据评价结果，给予学生有针对性的反馈，指出他们的不足之处，并提出改进的建议和学习策略，帮助学生更好地理解和运用所学的知识和技能，进一步提高学习能力。作业设计评价在一定程度上能够培养学生的自主学习能力，让他们在学习过程中更加积极主动。

总之，作业设计评价不仅可以帮助学生巩固新知，还能够培养学生解决问题的能力和创新思维。学生通过思考和解决问题中的实践，不断提升自主学习能力和创造性思维，从而在学习和生活中更加自信和成功。

三、提升解决问题能力

评价可以促进学生在完成作业的过程中发现问题、解决问题。作业驱动评价应该注重学生的思维能力和问题解决能力的培养，可以引导学生思考和分析作业中遇到的问题，发现问题所在，并提出解决方案，以培养学生的解决问题思维、创新能力和解决问题的能力，促进学生的全面发展。在作业设计评价中，教师可以设置一些具有挑战性的问题，要求学生进行深入思考和分析。在评价过程中，教师可以引导学生思考问题的本质、原因和解决方法，可以提供一些启发性的问题引导学生思考，可以提供一些案例让学生进行分析和推理，注重引导学生发现问题所在，并提出解决方案。教师可以通过批注和评语的形式，指出学生作业中存在的问题，并提供具体的改进建议；也可以鼓励学生自己思考问题，并提出解决方案。这样的评价过程可以激发学生的思维活力，培养学生主动解决问题的能力。学生在解决问题的过程中，不仅能够运用所学的知识和技能，还能够培养自己的思维能力和创新能力，不断挑战自己的思维和能力，从而实现自身的成长和发展。

学生在完成作业的过程中，可能会遇到各种难题和挑战，而评价的角色就是帮助学生面对这些问题，并引导他们主动思考和解决。在作业驱动评价中，教师可以通过提出问题、引导讨论和提供反馈等方式，激发学生的创新思维。教师提出的问题，可以是开放性的，要求学生进行深入思考和分析。例如，在

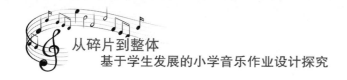
音乐作业中，教师可以提出一个关于音乐表达的问题，要求学生思考音乐如何传递情感和表达意义。学生在完成作业时，需要运用自己的知识和想象力，进行思维的拓展和探索。教师还可以提出一些引导性的问题，引导学生进行讨论，并及时给予指导和反馈。例如，在作业完成后，教师可以组织学生之间的小组讨论，让他们分享自己的思考和解决方法，引导学生从不同的角度和观点中获得启发，进一步拓展自己的思维和创新能力。

评价过程中，教师应提供及时的反馈帮助学生解决遇到的问题。这些反馈可以涉及学生的答案准确性、解决问题的思路和方法等方面。教师可以指出学生在作业中存在的错误或不足，并提供具体的改进方案；也可以肯定学生在作业中的优点和创新之处，鼓励他们继续努力和发展。学生在面对作业中的难题和挑战时，需要运用自己的思维能力进行分析和解决，教师的引导和反馈可以帮助学生克服困难，找到解决问题的路径。教师在评价过程中，还应鼓励学生的自主学习行为，并提供相应的支持和指导。

当学生在作业中遇到问题时，教师的反馈和指导可以化为提出一系列问题，引导学生思考问题的各个方面，学生为解决问题，不仅需要找到问题的答案，还要深入理解问题的本质和背后的原理。这种思考过程对学生的发展非常重要，能够培养他们的解决问题能力，有助于培养学生的逻辑思维和推理能力。由此，当他们面对新的问题时，他们能够运用所学的知识和技能，独立思考并提出合理的解决方案。同时，作业驱动评价也鼓励学生展现创新能力。通过开放性问题或挑战性任务，学生需要思考不同的解决方案，并提出独特的创意和创新思路。这样的评价方式可以激发学生的创新潜能，培养他们的创造力和创新思维，从中学会质疑和思考，不再满足于简单的答案，而是追求更深入的理解和更优秀的解决方案。

第三节　强化作业评价

一些学生会对作业尤其是课后作业比较反感，不愿意完成，能省则省，能少做就少做。由于这种情绪，他们对作业评价也不会认真看待，做错的题往往一错再错，无法起到用作业巩固知识的作用。因此，作业评价应该能够引导学生重视自己犯错的地方，明白自己的错误所在，并认真改正，避免重复犯错。

一、作业评价的特点

作业评价具备以下两大主要特点：

1. 注重错误的指正和解释

评价环节起着至关重要的作用，它不仅仅是对学生作业完成情况的一个反馈，更是引导学生改进学习方法、提高学习效果的重要手段，应该注重错误的指正和解释。当学生在音乐作业中出现问题或错误时，评价的目的不仅仅是告诉学生哪里做错了，更重要的是要明确指出错误的原因和解决方法。只有这样，学生才能真正理解并纠正自己的错误，避免再犯。为了达到这一目的，教师可以提供详细的解答步骤或者给出相关的参考资料，让学生明白正确的做题思路和方法，明确自己的问题出在哪里，并按照正确的演奏方法进行改正。

除了指出错误之外，评价还可以在帮助学生理解并纠正错误方面发挥积极作用。有时候，学生可能只是粗心大意导致了错误，通过评价的引导，可以帮助学生发现自己的疏忽之处，并提醒他们在以后的学习中多加注意。

此外，评价还可以通过鼓励学生互相评价、参与讨论等方式，引导学生主动思考，发现并解决问题，从而提高他们的学习能力和综合素质。

因此，教师在进行音乐作业设计时，应该充分考虑评价环节的重要性，以充分发挥其在学生学习过程中的积极作用。

2. 给予学生积极的反馈和鼓励

评价环节的另一个重要方面是给予学生积极的反馈和鼓励。即使学生在作

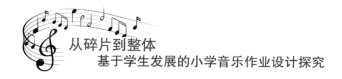

业中出现了错误，评价也应该关注他们的努力和进步，通过肯定学生的努力来激发他们的学习动力。

首先，评价应该充分肯定学生在解题过程中展现出的创新思维、坚持不懈的精神和积极的学习态度，即对于学生表现出的任何积极行为，都应该给予及时的表扬和鼓励。这样可以让学生感到自己的付出得到了认可，进而增强他们的自信心和学习兴趣。

其次，评价应该具备个性化的特点。不同学生有不同的学习风格和能力水平，评价应该根据学生的个体差异给予相应的反馈和指导。对于较弱的学生，可以提供更详细的解释和更多的练习机会；对于较强的学生，可以提供更有挑战性的题目或者拓展学习的资源。

此外，评价还可以根据学生的学习特点和需求，提供针对性的学习建议。例如，对于喜欢唱歌但节奏感较差的学生，可以建议他们多听、多练，加强节奏感的训练；对于乐感较好但发声技巧不足的学生，可以建议他们多进行发声练习，提高音准和音色等方面的技巧。针对性的学习建议，可以帮助学生更好地认识自己的学习状况，找到适合他们的学习方法，提高学习效果。

二、实施个性化评价

音乐不仅是一种艺术形式，更是一种能够培养学生综合素质的重要学科。而音乐作业作为音乐教学中不可或缺的一部分，其设计是否合理、是否能够激发学生的学习兴趣和动力，对于学生的学习成果和未来发展具有重要影响。与之相应的是，作业评价方式也应该注重学生的努力和进步，采用个性化的评价方式，帮助学生认识到努力是有价值的，并引导他们不断改进和提高。然而，当前的小学音乐作业设计大多过于注重技能和知识的掌握，而忽略了学生的学习能力和个人发展；同时很多作业的评价方式过于单一，仅仅关注学生的成绩和表现，而忽略了学生在学习过程中的努力和进步，打击了学生的学习积极性，阻碍他们自主学习能力和批判性思维能力的发展。为此，作业评价结果应该具体明确，将学生的错误和不足之处清晰地呈现出来。评价不应该只是简单地指出学生的错误，而是要详细说明错误的具体原因和出现的模式。通过具体的描述，学生在阅读评价结果时能够真正意识到自己的错误，并引起重视。同时，评价结果应该给予具体的建议和指导，帮助学生理解错误的原因，并提供解决问题的方法和策略。评价不仅仅是指出问题，更重要的是指导学生如何改正和提高。评价可以提供针对性的建议，如推荐学习资源、提供额外练习题或建议学生寻求辅导等，使学生能够明确自己的改进方向，并有具体的方法和策略进行学习调整。

个性化评价在小学音乐教育中具有极其重要的意义。音乐是一门需要天赋和热情的学科，每个学生都有自己独特的学习风格、兴趣和能力水平。为了满足学生的学习需求，帮助他们更好地理解和掌握音乐知识，教师需要采用个性化的评价方式。

首先，了解每个学生的学习风格、兴趣和能力水平是实现个性化评价的关键。只有这样，教师才能根据学生的个体差异进行调整，确保评价的准确性和有效性。例如，有些学生对理论知识感兴趣，而另一些学生则更喜欢通过实践来学习，教师可以在评价中加入理论测试和实践表演两种方式，以便更全面地了解学生的学习情况。

其次，积极的反馈和鼓励在个性化评价中必不可少。学生需要感受到自己的努力得到了认可和鼓励，这样他们才会更加积极地投入学习。当学生在作业中表现出色时，教师应该及时给予肯定和表扬；当他们出现错误时，教师也应该引导他们重视自己的错误，并鼓励他们继续努力。

再次，个性化评价还需要注重引导。教师需要帮助学生发现自己的问题，并引导他们掌握正确的学习方法。例如，当学生在演奏中出现节奏不稳的问题时，教师可以指出问题所在，并给出正确的示范，帮助学生找到正确的演奏方法。

三、作业评价的作用

在小学音乐教育中，重视作业评价的设计和实施，对学生的学习和发展具有积极而深远的影响。

首先，传统观念中的作业评价往往侧重于对学生作业结果的简单评判，如答案的正确与否或表演的好坏，但基于学生发展的作业评价应该更加注重学生的学习过程和成长，关注学生在完成作业过程中所展现的思考能力、创造力、合作意识等方面的发展。这种转变，可以帮助学生更全面地发展自己的能力和素质。我们可以采用多种评价方法和工具来全面了解学生的学习过程和成长。例如，可以通过观察学生在作业中的思考过程、交流和合作情况，评估他们的

合作意识和沟通能力。又如，可以鼓励学生在作业中展示自己的创造力和独立思考能力，通过作品展示、口头表达等方式，评价他们的创造性思维和表达能力。值得一提的是，作业评价还应注重学生的反思和自我评价。学生应该在作业完成后进行反思，思考自己在作业中的优点和不足，并提出改进的方向；教师则应引导学生进行自我评价，帮助他们更好地认识自己的成长和进步。

其次，强化作业评价的重要性可以提供有针对性的反馈和指导。通过对学生作业的评价，教师可以及时发现学生的学习差距和问题，并给予具体的反馈和指导，有助于学生了解自己的学习情况，发现不足之处，并针对性地进行改进和提升。作业评价的重要性在于它不仅仅是对学生完成作业的结果进行简单的评判，更重要的是关注学生的学习过程和思维能力的发展，可以帮助学生更好地理解学习目标，指明学习方向，提高学习效果。学生还可以学会自我评价和自我调整，发展出对自己学习的深入思考和反思的习惯，发现自己的学习策略是否有效，是否需要调整学习方法，从而提高学习效果。

再次，强化作业评价可以激发学生的学习动力和积极性。当学生意识到自己的作业会被认真评价和关注时，他们会更加努力地完成作业，提高作业质量。作业评价可以成为学生学习的动力和目标，激发他们的学习兴趣和积极性。

此外，作业评价可以促进教师与学生之间的有效沟通和合作，共同推动学生的学习和发展。强化作业评价的重要性不仅对学生的学习有积极影响，也对教师的教学有指导作用。通过准确的作业评价，教师可以了解学生的学习情况，调整教学策略，提供有针对性的指导和支持。

综上所述，转变对作业评价的固有观念并强化作业评价的重要性，可以促进学生的全面发展，提供有针对性的反馈和指导，激发学生的学习动力和积极性，对小学音乐作业设计的有效实施和学生的综合发展具有重要意义。在小学音乐作业设计中，作业评价的重要性不可忽视。

第五章

小学音乐作业设计案例

第一节　小学音乐作业设计综述

在小学阶段，音乐作业不仅是学生学习音乐知识和技能的重要途径，更是培养学生音乐兴趣和审美能力的有效手段。因此，设计科学合理的小学音乐作业显得至关重要。考虑到小学生的年龄特点和兴趣爱好，教师可以设计包括听音乐、唱歌、跳舞和创作等环节的主题音乐作业，引导学生主动去欣赏音乐、掌握基本的歌唱技巧，培养他们的创造力和想象力。通过观察学生的完成情况，教师还可以了解学生的学习特点和需求，为后续的教学提供参考。

如前所述，为了更好地引导学生积极参与音乐学习，教师可以采用趣味性的作业形式、合作性的学习方式和鼓励性的评价方式。教师可以设计有趣的音乐作业形式，如制作音乐卡片、演唱会的门票等，以吸引学生的兴趣，提高学生的参与度；可以组织学生进行小组合作，共同完成音乐作业，提高学习效果和合作能力。在学生完成作业的过程中，教师应采用鼓励性的评价方式，肯定学生的努力和进步，激发他们的自信心和学习动力；同时也要指出学生的不足之处，提出具体的改进建议，帮助学生进步。

为了更好地评估学生的学习效果和反应，教师可以采用观察学生的完成情况、学生的自我评价和家长的反馈等方法。观察学生的音乐作业完成情况，可了解学生的学习特点和反应；引导学生进行自我评价，可了解他们对自己的学习效果和反应的看法和感受；与家长保持联系，可了解学生在家庭中的学习情况和反应。这些方法可以帮助教师更好地了解学生的学习需求和心理状态，为后续的教学提供参考。

基于学生发展的小学音乐作业设计案例对于提高小学音乐教育的质量具有重要意义，不仅可以帮助学生更好地学习和理解音乐，还可以培养学生的创造力、表现力和团队合作精神，为学生未来的音乐发展打下坚实的基础。本章将以三个实践案例进行展示。

本章三份作业设计的难度均由浅入深，循序渐进，让学生在解题的过程中逐步提升自己的能力，并在完成全部题目的同时对本单元的内容有较深的了解。

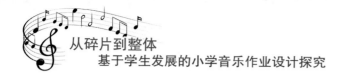
这样的作业设计有助于学生系统地学习和掌握音乐知识，培养学生的学习兴趣和自主学习能力，让学生可以逐步建立自信心并提升解题能力。

在小学音乐单元作业设计中，还需要做一个强调。首先，作业设计应该致力于培养学生的核心素养。音乐作为一门艺术学科，不仅仅是为了学习音乐本身，更重要的是通过音乐的学习和实践，培养学生的综合素质和核心素养。音乐作业设计应该注重培养学生的审美能力、创造力、表达能力、合作意识等各方面，促使学生在音乐学习中得到全面的发展。

其次，作业设计应该根据感受与鉴赏领域的知识模块化特点，用大观念进行组织。感受与鉴赏是音乐学习的重要内容，它包括音乐欣赏、音乐表演等方面。在作业设计中，可以将一个单元的作业设计为一个大观念，通过多个任务和活动来展开，这样可以帮助学生全面理解和掌握音乐的不同方面，培养他们的感受和鉴赏能力。将作业设计为大观念，可以把学习内容进行模块化，使学生能够系统地学习和掌握不同的感受与鉴赏领域。在作业设计中，可以结合多种任务和活动形式，如听音乐、观看音乐演出、进行小组讨论、撰写感受与鉴赏报告等，激发学生的兴趣和参与度；可以根据学生的年龄和能力水平，适度调整难度和深度，确保作业的有效性和可操作性。通过以大观念组织的作业设计，学生可以在整体性的学习中培养感受与鉴赏能力，拓展对音乐的理解和欣赏，提升审美水平和文化素养。

最后，作业设计应该致力于培养学生牢固掌握音乐基础知识和技能。在作业设计中，应该注重培养学生对音乐基本概念的理解、音乐符号的识读能力、基本乐器的演奏技巧等方面的掌握。有针对性的作业设计，可以帮助学生打下坚实的音乐基础，为学生进一步的学习和发展奠定基础。作业设计包括音乐理论的学习，如音符、节拍、调式等基本概念的教授和练习，让学生通过练习识读音乐符号、分析乐曲结构等活动，提高对音乐的理解和表达能力。作业还包括乐器演奏的练习，学生可以通过反复的练习和指导，提高演奏技巧和音乐表现力。

总之，基于学生发展的小学音乐单元作业设计应注重培养核心素养、以大观念进行组织，并注重音乐基础的掌握，这样才有助于学生全面发展，提高音乐学习的效果。

第二节 《五十六朵花》作业设计案例

一、教材内容

人民教育出版社小学音乐教科书三年级下册第六单元。

二、指导思想

"双减"政策如一股清流，为我国教育体系注入了新的活力与生机。新课标对第二学段（3—5年级）学业要求中指出："感知、体验我国具有代表性的地区和民族音乐的风格，能做出恰当判断或反应。具有一定的中国民歌、民族器乐曲和戏曲的听觉经验，能模唱短小的民歌或戏曲片段，初步了解部分戏曲的行当和表现形式，知道相关常识，了解其他基本的中国传统音乐知识。"本作业设计以《五十六朵花》这一单元为设计内容，围绕新课标，以音乐为教学主线，与姊妹艺术、社会生活及其他学科加以融合。在音乐教学或音乐实践中，以审美感知、艺术表现、创意实践、文化理解四项核心素养为指导，强调音乐教学的审美性、情感性、实践性、创造性和人文性，在欣赏、表现和创造等实践中，依据音乐学业质量标准第二学段（3—5年级）设计难易适中的作业，引导学生深入感受与体验中国民族音乐的独特魅力，增强文化自信心。

三、设计说明

本单元选择了四首很有特色的民族音乐作品，包括唱歌曲目柯尔克孜族民歌《幸福花儿开心上》和仡佬族民歌《打秋千》，欣赏曲目傣族乐曲《月光下的凤尾竹》和维吾尔族歌曲《阿拉木汗》。本单元将通过演唱、聆听、体验和表现等丰富多彩的音乐实践活动，增加学生对民族音乐的喜爱之情。本单元作

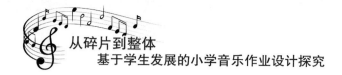
业设计从学生认知水平维度为出发点，注重作业设计的分层、弹性及个性化，设计基础型作业、综合应用型作业、探究拓展型作业和跨学科型作业四种类型，能够为学生提供不同层次的学习体验，既满足基本知识与技能的巩固，又促进学生的深层次思考和创新能力的发展。这样的作业设计有利于激发学生的学习兴趣，增强他们的自主学习能力和生活实践能力。

四、作品分析

类型	作品	节拍	音乐特点	学习要求
唱歌课	幸福花儿开心上	$\frac{2}{4}$	柯尔克孜族民歌。全曲五个乐句，一二乐句为齐唱，三四乐句为二部合唱，五乐句为结束句。重音记号。	在歌声中体验欢快的心情，感受柯尔克孜族人民的幸福生活。唱好重音记号及合唱的配合。
唱歌课	打秋千	$\frac{4}{4}$	仡佬族民歌。五声宫调式，一二乐句旋律较平稳，三四乐句旋律起伏大。疏密的节奏形象描绘了小朋友打秋千时的姿态。下滑音的运用，增添了歌曲的民族色彩，更富有趣味。	在歌声中体验愉快的情绪，感受仡佬族小朋友们荡秋千时的情景，准确演唱下滑音及六度、七度大跳音程。
欣赏课	月光下的凤尾竹	$\frac{3}{4}$	葫芦丝独奏，富有傣族音乐风格。二段体，A段四个乐句（6+6+5+6），节奏较为紧凑，旋律具有小调风格，柔和、优美；B段三个乐句（4+4+6）节奏舒展，旋律具有跳跃性，有舞动的感觉。	听辨主奏乐器葫芦丝，感受其婉转、优美的音色，对比感受乐曲A和B乐段节奏不同描绘的情景。
欣赏课	阿拉木汗	$\frac{4}{4}$	维吾尔族民歌。民乐合奏曲。旋律具有歌唱性，节奏富有舞蹈性，运用连续的十六分音符及附点节奏，使音乐更加活泼、轻快。	感受维吾尔族音乐风格，体验乐曲欢快热烈的情绪，能用打击乐器为主旋律准确伴奏。
活动课	民歌之旅			了解少数民族民歌的基本风格和特征。通过服饰、头饰等信息判断民族的名称。

五、单元主题下的教学重难点

课时		教学重难点
五十六朵花	幸福花儿开心上	1.感受柯尔克孜民歌热烈、欢快的情绪。 2.掌握十六分音符和八分休止符。 3.把握二声部的音高、音准。
	打秋千	1.能用和谐、自然的声音演唱歌曲。 2.掌握附点四分音符及下滑音。 3.编创歌词，唱准二声部。
	月光下的凤尾竹	1.体验傣族音乐风格。 2.感受葫芦丝的音色特点及演奏形式。 3.能根据音乐朗诵、编创律动或舞蹈，参与表演。
	阿拉木汗	1.了解新疆维吾尔族的音乐特点，感受其欢快热烈的情绪。 2.能用打击乐器为乐曲主题旋律进行伴奏。
	民歌之旅	1.能听辨少数民族的民歌以及相应民歌的特点，并自主用舞蹈、声势动作表现。 2.了解每个少数民族的特色乐器，感受不同乐器的音色特点。

六、单元作业目标

1.通过聆听和分析音乐作品，培养学生的音乐欣赏能力和音乐理解能力，使学生能够从音乐要素的角度出发，理解和感受不同民族音乐的特色和情感表达。

2.通过学唱《幸福花儿开心上》和《打秋千》，进一步提高学生的二声部合唱能力，加强学生对歌词与曲谱关系的理解与掌握，能够做到二声部整齐和谐和声情并茂地演唱。

3.通过欣赏《月光下的凤尾竹》和《阿拉木汗》，学生将感受到民族乐器的独特韵味以及演奏手法，学习如何巧妙地描绘音乐场景并展示民族音乐的独特风貌；学会初步辨识中国民族音乐中彰显民族特色的音乐元素，并能够尝试模仿民族乐器的演奏，为音乐作品增添独特的伴奏。

4.通过活动"民歌之旅"，学生学习不同民族的音乐作品，培养民族意识和文化自信，了解和尊重不同民族的音乐文化，增强对中华文化的认同感和自豪感。

七、学情分析

三年级学生正处于认知和社交技能快速发展的阶段，他们对新知识充满好

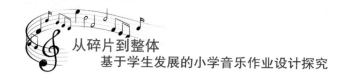
奇，学习能力显著提高。在音乐领域，他们表现出对不同音乐风格的浓厚兴趣，尤其对于民族音乐的好奇心日益增强。他们的注意力更集中，记忆力加强，能够学习更复杂的音乐知识。他们模仿能力突出，喜欢参与集体音乐活动，有助于培养团队合作能力。在情感上，他们对音乐有更深的体验，能表达个人喜好。

针对这些特点，音乐教学应结合学生兴趣，引入流行音乐及民族音乐元素，强化音乐基础教学，如乐理和节奏训练。教师通过组织多样化的音乐活动，如合唱和乐队，激发学生的参与热情，提升学生的自信心和合作精神；培养学生的音乐欣赏能力，引导他们理解多元文化，加深对民族音乐的认识和自豪感。

在学习本单元前，我对三年级的100名学生采用随机抽检的方式进行数据调查。结果如下：

序号	调查内容	答案	人数	比率	理由或想法
1	你听过民歌吗？	听过	85	85%	
		没听过	15	15%	不知道什么歌曲是民歌
2	哪些民歌给你留下深刻的印象？能唱唱吗？	能	70	70%	能演唱课堂学习过的民歌
		不能	30	30%	应提高演唱能力和演唱自信
3	你愿意了解更多中国不同地区的民歌吗？	愿意	73	73%	对不同民族的民歌有极大的兴趣
		不愿意	27	27%	不知道用什么方式了解
4	你擅长用哪种方式来表现民歌？	演唱	62	62%	对民歌比较喜欢的学生
		舞蹈/律动	30	30%	有舞蹈基础、节奏感较强的学生
		乐器	8	8%	有乐器演奏基础的学生
5	你能根据不同地区的民歌特点，编创简单的律动、歌词等吗？	能	20	20%	有丰富的音乐知识基础的学生
		不能	33	33%	音乐认知较为薄弱的学生
		不确定	47	47%	对自己的能力缺乏信心或判断的学生

根据这次调查问卷可以看出：

第一，绝大部分的学生都有听过民歌，对于音乐课堂上学唱过的民歌印象较为深刻，并能够简单哼唱几句。

第二，很多的学生都表示愿意了解中国各个地区的民歌以及相关的民族文化，喜欢用丰富多样的艺术实践方式参与音乐的表现。

因此，我根据以上问卷的总结进行了本单元的音乐作业设计。

八、作业设计

1.第一课时

（1）"颂歌盈耳，抒发幸福之声"——综合应用型作业

聆听音乐《幸福花儿开心上》，从音乐要素（节奏、力度、演唱形式等）的角度出发，分析音乐是如何营造出柯尔克孜族人民热爱生活、热爱党、过着幸福生活的美好心情的。（下面的歌曲图片选自人教版教材，音响材料略）

幸福花儿开心上

1=♭E 2/4

热烈、欢快地

柯尔克孜族民歌
应炬改词、配歌

（6　5　|4　5.1|33 33|22 10）|

13　33|42 20|13333|42 20|

① 葡萄　香甜　甜心上，　　酥油比金子　还明亮，
② 红红的太阳　照山冈，　　青青的草原　亮堂堂，

13345|66 55|33　33|22 10|

我赶着羊群　上山冈，像　鸟儿　飞在　蓝天上，
红旗　红旗　到处飘扬，幸福　花儿　开心上，

6　5　|4　5.1|33 33|22 10|

啦　啦　啦　啦，像 鸟儿 飞在 蓝天上。
啦　啦　啦　啦，　幸福 花儿 开心上。

4　3　|2　3.3|11 76|5 67 10|

6　5　|4　5.1|33 33|22 10:|

啦　啦　啦　啦，像 鸟儿 飞在 蓝天上。
啦　啦　啦　啦，　幸福 花儿 开心上。

4　3　|2　3.3|11 76|5 67 10:|

（接前页）

【设计说明】根据新课标第二学段（3—5年级）"听赏与评述"学习任务中"能听辨音乐中的情绪和情感的变化，并判断是哪些音乐要素引起音乐情绪、情感的变化"的要求，通过音乐欣赏活动，引导学生关注和理解音乐中的基本要素，如节奏、力度和演唱形式，并探讨这些元素是如何与特定的文化背景和情感表达相结合的，从而提高学生的音乐感知能力，发展他们的跨学科思维。

（2）"旋律羽翼，乐色描绘鸟迹"——跨学科型作业

练习要求：每个学生手上有一份学习任务单，聆听音乐，在任务单上根据合唱部分音乐的乐句为两只小鸟画出飞行路线，一个乐句一条路线。（音响材料为柯尔克孜族民歌《幸福花儿开心上》合唱部分，略。对应曲词如下图，选自人教版教材）

【设计说明】不断聆听熟悉旋律，分声部绘制图形谱，加深了学生对音乐结构的理解，使他们对音乐传达的情感有了更深刻的体会；增强了学生团队合作精神，激发了学生的创造力；结合听觉与视觉的跨学科方法，有效提升了学生的综合学习技能。

2.第二课时

（1）"秋千旋律，描绘童真画卷"——基础性作业

聆听音乐《打秋千》，自主创编合适的律动为音乐伴奏，生动形象描绘出仡佬族小朋友们打秋千时欢快地在秋千上荡来荡去的情景。（下面的歌曲图片选自人教版教材，音响材料略）

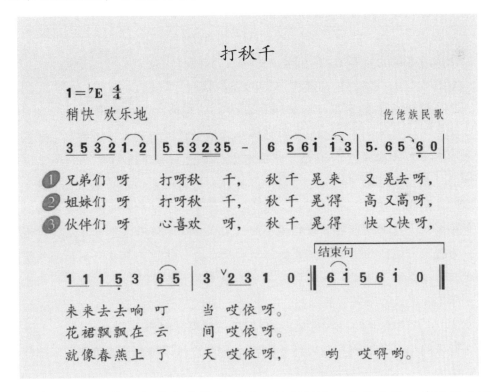

【设计说明】依据学生学情的不同，循序渐进，分层教学，着眼于巩固学生的音乐基本技能和节奏感。教师通过选择律动体验音乐的情绪，激励学生去探索音乐，尝试用多样化的方式表达音乐，提升学生的创意思维和艺术表达能力。

（2）"童趣飞扬，创演秋千旋律"——探究拓展型作业

根据歌曲《打秋千》的创作情景，展开小组合作探究，为作品编创不同的

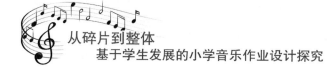
演唱形式，探索与打秋千相关联的动作创编歌词，展示歌曲，表现仫佬族小朋友们打秋千时欢乐、热烈的情感。

【设计说明】通过增加声部的演唱，结合旋律起伏与节奏的变化，形象地描绘小朋友欢快地玩耍秋千的场景。引导学生感受高声部描绘的秋千高飞的情景，低声部描绘孩子们兴奋的心情，通过低声部歌词的创编，引导学生从不同角度感受与参与"打秋千"，增添作品的层次感和互动性。

3. 第三课时

（1）"月色悠扬，凤尾竹林之韵"——基础型作业

聆听葫芦丝独奏《月光下的凤尾竹》片段，回答以下两个问题：

①这段音乐是由什么乐器演奏的？

A. 琵琶　　　　　　B. 二胡　　　　　　C. 葫芦丝　　　　　　D. 古筝

②这段音乐的演奏形式是什么？

A. 合奏　　　　　　B. 独奏　　　　　　C. 齐奏　　　　　　D. 重奏

【设计说明】根据新课标第二学段（3—5年级）"听赏与评述"学习任务中"能听辨常见中国民族乐器与西洋乐器的音色，知道乐器名称""能区分独奏、齐奏、合奏等演奏形式"等的要求，经过相关乐曲的学习，小学3—5年级的学生已经对葫芦丝这一民族乐器特性有一定的认识，具备通过听觉识别不同演奏形式和表现技巧的能力。该作业设计中，学生能够更好地理解葫芦丝的音乐表达力及其在各种音乐环境中的作用，有助于培养学生专注的听觉观察力，增强他们对民族音乐风格的敏感度和欣赏力。通过分析和识别不同的演奏方式，学生能够更加深入地掌握葫芦丝的独奏和合奏技法，从而为他们未来的音乐学习和实践打下坚实的基础。

（2）"吹响古韵，共赏傣族风情"——跨学科型作业

音乐的小火车带领我们来到了傣族，傣族的小朋友想邀请同学们来担任小小宣传员。

我们从音乐中了解到葫芦丝是傣族传统的吹奏乐器，因其独特的音色和简单的演奏方式深受傣族人民的喜爱。你能结合傣族的文化、历史、生活和传统习俗，写一段宣传小标语，并选择与傣族文化相符合的图片，以《月光下的凤尾竹》为音乐背景制作成宣传小视频吗？

学生作业视频截图

【设计说明】该作业是对课堂所学知识的延伸。通过将音乐与语文、信息技术、历史等其他学科相结合，作业为学生提供一个全面认知与技术应用的学习体验。作业鼓励学生收集傣族文化相关的图片和知识，这不仅锻炼了他们的想象力和创新思维，还提高了他们的审美鉴赏能力，并激发了对傣族音乐文化的兴趣。通过编写宣传小标语，学生能够提高自己的语言写作能力和表达能力，在加入"小导游"中，激发和发掘表现潜力。在制作宣讲、音乐、图片于一体的视频过程中，学生不仅能够增强审美感知和艺术表现力，还能进一步发展创意实践技能，促进综合艺术素养的增长。

4.第四课时

"欢乐颂韵，阿拉木汗奏鸣"——拓展探究型作业

分组编创：聆听响板、铃鼓和三角铁的音色基础上，探索三种乐器的不同演奏方式，并讨论如何合理编创节奏为歌曲伴奏。

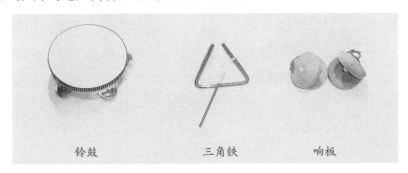

铃鼓　　　　　　三角铁　　　　　　响板

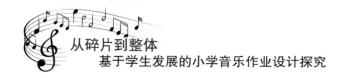

编创要求：四人一组，选择适合的小乐器及乐器小贴纸。开展小组合作探究，讨论与乐器相符的演奏节奏及演奏时机，在谱面标记并合作展示，为歌曲伴奏。

【设计说明】学生共同探索和选择适合的打击乐器及其节奏模式，目的是增进他们的协作能力、创意思维和对音乐节奏的感知，提升学生的音乐技能。互动学习和集体演奏增强了学习的趣味性，激发了学生对民族音乐的热情和深化对音乐风格的理解。

5. 第五课时

"舞动旋律，民族风情展"——跨学科型作业

音乐之旅开始啦！聆听音乐片段，根据音乐风格判断是图片（该图引自人教版教材）中的哪个民族？并尝试用简单的舞蹈动作或律动表现。

民族之旅

（音响材料：鄂伦春族《勇敢的鄂伦春》、土家族《乃哟乃乃》、彝族《阿西里西》、新疆维吾尔族《娃哈哈》。材料略）

【设计说明】根据新课标第二学段（3—5年级）"编创与展示"学习任务中"能即兴编创与音乐情绪、特点一致的声势、律动或舞蹈动作，并参与表演"的要求，通过音乐与舞蹈的结合，探索和体验中国少数民族的丰富文化。该作业通过学习过的音乐片段激发参与者的感官认知，进而准确判断出音乐所表现的民族特色，并尝试用身体语言去表达和律动。

九、学习评价表

学习评价表				
项目	评价标准	自我评价	他人评价	教师评价
颂歌盈耳，抒发幸福之声	能够判断是哪些音乐要素引起音乐情绪、情感的变化。			
旋律羽翼，乐色描绘鸟迹	能用色彩或线条等方式表达自己的感受、表现音乐要素和音乐特点。			
秋千旋律，描绘童真画卷	能在聆听或表现音乐的过程中，根据音乐的情绪自然流露出相应的体态反应。			
童趣飞扬，创演秋千旋律	能即兴编创与音乐情绪、特点一致的歌词、演唱形式等，并参与表演。			
月色悠扬，凤尾竹林之韵	能听辨常见中国乐器葫芦丝的音色，知道乐器名称和演奏形式。			
吹响古韵，共赏傣族风情	能准确介绍傣族的相关文化，内容具有创新性，音乐适配，达到宣传效果。			
欢乐颂韵，阿拉木汗奏鸣	能运用乐器编创并演奏简单节奏和旋律。			
舞动旋律，民族风情展	能感知、体验我国有代表性的地区、民族音乐的风格，能做出恰当判断或反应。			

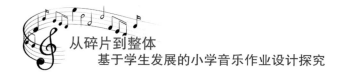
十、案例特色

在博大精深的中华文化中，民族音乐以其丰富的旋律和独特的韵味成为不可或缺的宝贵财富。随着教育改革的不断深入，"双减"政策为学生提供了更多的时间来探索个人兴趣，而新课标进一步强调了艺术教育的多元性和综合性。

本单元作业设计旨在通过跨学科的方式引领学生开启一场中华民族音乐的探索之旅，从中感受音乐与文化的交融，提升艺术素养，同时响应国家教育政策的号召，实现知识与乐趣的双重收获。

1.悠扬启航——明确教学目标

在"双减"政策的背景下，本作业设计采用跨学科的教学策略，目标在于切实减轻学生的学业压力，提升他们的艺术修养和综合素养。依据新课标，本单元作业设计以培养学生的艺术感知力、审美能力、实践能力和跨学科思维能力为重心，引导学生深入探索和欣赏中华民族音乐的丰富多样性，激发学生对民族文化的热爱和自豪感，并加强学生的文化认同。

2.和谐框架——搭建知识背景

本单元作业根据新课标的导向，融合历史与地理等学科的知识点，向学生系统介绍中国民族音乐的基本概念、主要分类和历史演变。学生能够学习到各民族音乐的独特风格和表现形式，了解不同地域文化对民族音乐的影响，以及民族乐器的种类和演奏技艺；能够建立起对中华民族音乐基础架构的认识，并理解音乐风格如何与民族文化的历史背景相联系。

3.悦耳赏析——培养欣赏能力

按照新课标中有关音乐鉴赏的要求，此环节专注于培养学生的音乐欣赏和分析能力。学生通过聆听不同民族的音乐作品，感受其旋律、节奏和和声的特点，在音乐分析中更深入地理解作品的结构和表达的情感。同时，学生探讨音乐与文化、社会背景之间的联系，增进对于音乐作品跨学科性质的认识，并且通过律动体验、创编实践等方式提高音乐表现力。

4.律动歌声——体验创作乐趣

本环节鼓励学生通过身体律动感受音乐的节奏，以及通过创作简单的二声部歌词来锻炼学生音乐创作和合唱能力。学生可以实践如何在音乐的律动中自由地表达自己，通过合作创编歌词体验音乐创作的愉悦过程，并在此过程中提升自身的音感、协调性和创意思考能力。这样的活动不仅使学生在音乐中寻找到乐趣，还有助于培养他们的合作意识和集体参与感。

5.演奏探秘——模拟民族乐器

本环节鼓励学生通过亲身模拟演奏民族乐器，深入了解乐器的特性及其在民族音乐中的作用。学生通过网络资源或学校提供的音乐器材等，模拟各种民族乐器的演奏方法，从而获得较为直接的音乐体验，有助于加深对民族音乐器乐知识的理解，还能够提高动手能力和实践探究能力。

6.创意舞台——小组合作展示

本环节运用新课标中所提倡的创造力，结合跨学科知识，分组进行富有创意的民族文化展示。每个小组选择特定民族，设计并呈现出该民族的文化特色，包括服饰、舞蹈和音乐等方面。通过这一活动，学生不单是学习知识，更是在实践中学会如何运用所学，同时锻炼沟通、协作和表演技巧。

通过本次"五十六朵花"的单元作业设计，学生们不仅加深了对中华民族音乐的理解与感受，而且在跨学科的学习过程中发现了艺术与其他学科的紧密联系。学生通过音乐实践活动、团体合作和创意创编，提高了自主探究的能力，增强了解决问题的能力，培育了对民族音乐的爱好和创新精神。

第三节 《西部风情》作业设计案例

一、作业框架设计

1.设计原理

五年级学生已经具备一定的音乐鉴赏和创作能力，但对目前诸多音乐的风格特点了解甚少。据新课标中明确提出的核心素养内容，本单元作业设计以课本中的唱歌、欣赏、演奏和音乐知识为载体，旨在加深学生对西部音乐风格的掌握，进一步拓展他们对其他风格音乐的了解，从而有效培养学生的核心素养。在本次作业设计中，学生将有机会通过唱歌、欣赏和演奏等活动，深入了解西部音乐的风格特点；将学习西部音乐的独特节奏、旋律和表现方式，在演唱和演奏西部音乐作品中感受作品蕴含的情感和文化内涵。除了西部音乐，作业设计还将引导学生了解其他音乐风格。学生将通过研究不同音乐风格的特点和代表作品，拓宽音乐视野，培养对多样化音乐的欣赏和理解能力，逐步形成对音乐的个人见解和审美观点。

在设计作业时，教师应选择一些具有代表性的西部音乐作品，让学生通过听、唱、演奏等方式感受和理解作品独特的风格特点。例如，可以选取一些著名的西部民歌或乡村音乐作品，引导学生通过欣赏和演唱，感受悠扬的旋律、朴实真挚的歌词及独特的节奏感；可以选择其他地域或流派的音乐作品，与西部音乐进行对比，让学生发现不同地域音乐的特点和风格差异，从而更加全面地认识和理解各种音乐风格的独特之处；可以组织学生进行小型音乐创作，让他们在西部音乐的基础上发挥创造力，运用所学的西部音乐元素，结合自己的情感和创意，创作简单的歌曲、旋律或节奏，培养音乐表达能力和创造力，增进对西部音乐的理解和欣赏。

2.课程内容

五年级上学期第一单元《西部风情》，共6课时。

3.题目类型

选择题、填空题、感悟题、律动表现题、画图谱题、器乐演奏题、跨学科题。

4.难度设计

容易题约占 58%，中等题占 32%，较难题占 10%。

5.作业目标

本作业设计根据新课标中关于核心素养的要求，基于课程学习要求力求达到以下目标：

一是从审美感知的角度让学生感知、发现、体验和欣赏艺术美、自然美、生活美、社会美，提升他们的审美感知能力。音乐作业可以引导学生欣赏不同类型的音乐作品，体验音乐带来的美妙感受，培养对音乐的敏感度和欣赏能力；可以引导学生观察和欣赏周围的自然景观、生活中的美好瞬间以及社会中的美好事物，培养他们对美的敏感度和理解能力。例如结合本学段和本单元目标，要对音乐表现要素的感知与反应达标，对不同音乐的体裁形式（如花儿、劳动号子）的感知与反应达标，对音乐风格流派（西部音乐中不同地区、不同地域，包括西藏、新疆、青海和三峡、西南等地区）的感知、理解与判断达标。

二是从艺术表现和创意实践的角度发展学生的创新思维，鼓励他们积极参与音乐创作、表演、展示等艺术实践活动，提升他们的创意实践能力。音乐作业可以引导学生进行音乐创作，培养他们的想象力和创造力；可以通过参与音乐表演和展示等活动展示个人才艺，培养他们的自信心和表达能力。这些实践活动，不仅可以提升学生的音乐技能，还可以培养他们的创新思维和解决问题的能力。

三是从文化理解的角度让学生了解不同地区、不同民族的历史与文化传统，理解文化与构建人类命运共同体的关系，传承和弘扬中华优秀传统文化，坚定中华文化自信。音乐作业可以引导学生学习和演唱不同地区、不同民族的音乐作品，了解相关作品背后的文化内涵和历史传承。通过学习和传承中华优秀传统文化，学生可以增强对中华文化传统的认同感和自信心，培养对其他文化的尊重和包容心态，促进构建人类命运共同体的意识和行动。

二、学生需求调查

1.问卷调查

（1）问卷调查情况

为了提高作业设计的质量，作业设计前先对本校五年级学生进行抽样问卷调查，参与调查的学生共 100 名。

问卷调查的内容与结果如下：

序号	调查问题	答案	回答人数	占比
1	你知道什么是民歌吗？	知道	86	86%
		不知道	14	14%
2	哪些民歌给你留下了深刻的印象？能否尝试唱一唱？	能	73	73%
		不能	27	27%
3	是否了解一些民歌的特点？	了解	73	73%
		不了解	27	27%
4	是否愿意自主搜索了解各民族的民歌代表作品？	愿意	83	83%
		不愿意	17	17%
5	是否了解我国西部地区（如新疆、西藏、青海等）有代表性的音乐特点及相关文化？	了解	23	23%
		不了解	77	77%

（2）调查结果分析

根据本次问卷调查可得出：

第一，大部分学生对民歌有着较大的兴趣。这表明学生对传统音乐形式有一定的接触甚至喜爱，可能对民歌的情感表达和文化内涵感兴趣。

第二，大部分学生对课上学过的民歌知识掌握得比较好。这说明学生在课堂上对民歌的学习有所收获，对民歌的歌词、旋律和表演方式有一定的了解和掌握。

第三，大部分学生不了解我国西部地区的音乐，但多数学生愿意或已经通过查找资料了解各民族的民歌代表作品。这显示学生对西部地区音乐的认知较少，但对主动探索和了解不同风格音乐的态度较积极。

民歌作为我国传统文化的重要组成部分，以其独特的艺术魅力和丰富的文化内涵吸引着广大听众。学生对民歌的兴趣，可能源于歌词、旋律、节奏等多方面。如民歌的歌词，往往表达了人们的真挚情感和生活经历，容易引起学生的共鸣。又如民歌的旋律优美、节奏明快，具有很强的艺术表现力和感染力，能够让学生沉浸其中，感受到音乐带来的愉悦。

除了对民歌本身的欣赏，学生对其文化内涵也表现出兴趣。民歌作为我国各族人民在长期历史演变过程中创造的宝贵财富，蕴含着丰富的文化内涵。学生对民歌所代表的历史背景、社会生活、风土人情等方面的好奇心，也进一步激发了他们对民歌的热爱。为了更好地欣赏民歌，学生需要了解更多与之相关的知识，除了学习民歌的基本要素，如歌词、旋律、节奏等，还应了解民歌的历史渊源、地域特色、社会功能等，这样一来，学生能更全面地了解民歌，深入感受其独特的艺术魅力和文化内涵。

在学生欣赏民歌的过程中，可以思考如何将民歌中的主题应用于生活。例如，对民歌中表达的亲情、友情、爱情等情感主题，可以引导学生在日常生活中更加关注情感交流与表达；而对民歌中所反映的劳动场景和人民智慧，可以激励学生在现实生活中勤奋努力、勇于创新。

（3）设计思路

根据上述讨论，本次作业的设计将充分考虑学生的兴趣和知识水平，以实现更好的学习效果。本次作业将以民歌为主题，选取适合学生演唱的曲目，以激发学生对民歌的兴趣和热情；将加强对学过的民歌知识的巩固和拓展，帮助学生进一步提高对民歌的理解和表演能力；将选择一些具有代表性的民歌，既展现我国传统音乐文化的魅力，又能满足学生对不同风格和不同题材的需求，让学生通过演唱歌曲深入了解民歌的韵律、节奏、演唱技巧等方面的知识，并巩固和拓展他们在课堂上学到的内容；将引导学生了解我国西部地区的音乐文化，通过研究和分享各民族的民歌代表作品，激发学生对多元文化的兴趣和探索精神。

三、作业目标设计

根据新课标要求，围绕核心素养进行本次作业目标的设计，具体如下表：

课时	作业序号	作业目标描述	核心素养要素
1	F1	学唱歌曲《依马呀吉松》，掌握歌曲蕴含的藏族音乐的风格，并通过演唱加以表现。	艺术表现
2	F2	体会新疆音乐独特浓郁的民族风情，掌握新疆少数民族音乐具有代表性的节奏类型。	艺术表现

续表

课时	作业序号	作业目标描述	核心素养要素
3	F3	了解劳动号子音乐特点，感受三峡地区民歌风格，学唱歌曲《三峡的孩子爱三峡》；能够充满感情地演唱歌曲，并为歌曲设计领唱与齐唱。	艺术表现
4	F4	了解"花儿"这一民歌形式的音乐特点，感受它高亢、奔放的音乐风格。	审美感知
5	F5	尝试用口风琴演奏《四季调》，进一步了解不同打击乐曲音色及表现特点，锻炼用打击乐曲为音乐伴奏的能力和合奏能力。	创意实践
6	F6	欣赏管弦乐合奏《北京喜讯传边寨》，感受苗族、彝族音乐的特点；通过音乐展开丰富的联想和想象，并用自己的方式参与表现。	艺术表现
1—6	FI	通过对不同题材和类型的西部地区音乐作品的学习，能对不同风格音乐作品的演唱有所把握，对西藏、新疆、青海、贵州、云南等地区和中国少数民族的音乐特点有所了解。	审美感知
1—6	FI	能够分辨音乐的结构和不同乐段音乐情绪的变化，培养对音乐结构、情绪、音色的分辨能力，并能识别出有代表性的乐器音色；通过音乐展开丰富的联想和想象，并用自己的方式参与表现。	审美感知
1—6	FI	理解西部音乐文化中的中华美育精神和民族审美特质，增强文化自信。	文化理解

四、课时作业内容设计

基于上一节作业目标，本次课时作业内容设计如下：

1. 第一课时作业

（1）作业设计

序号	作业内容
F1001	视频"云游"西藏，聆听藏族民歌，寻找"堆谐"。 记录初步了解到的藏族音乐有哪些风格特点，简述"堆谐"是什么。
F1002	看谱聆听歌曲《侬马呀吉松》，初听谈感受。 思考：这首藏族民歌演唱了什么内容？它的情绪是怎样的？
F1003	二听找衬词，并分析衬词作用。
F1004	学习歌曲，根据节奏型的变化尝试划分乐句。
F1005	聆听并思考：上句用了什么样的节奏型？旋律上有什么特点？

续表

序号	作业内容
F1006	聆听并思考：下句用了什么样的节奏型？旋律上有什么特点？
F1007	唱旋律，学歌词分享上下句旋律特点。
F1008	根据节奏特点及旋律的起伏，边唱边画旋律线。
F1009	课后打开链接，随视频表现"堆谐"动作，与家人分享。

（2）设计思考

本单元为"西部风情"，所选都是我国西部地区的作品。学生将通过欣赏西部音乐作品，感受西部音乐的独特韵味和情感表达。在循序渐进的学习过程中，学生将被鼓励自觉自主地参与音乐活动，边思考边学习，感受西部音乐的风格与魅力；将通过欣赏具有西部特色的音乐作品，感受到西部音乐中蕴含的豪放、激情和自然之美；将通过唱歌和合唱的方式，亲身体验西部音乐中的团结合作和奔放激昂的氛围，并逐渐熟悉西部音乐的特点，如特定的节奏、旋律和乐器运用等；将学习如何准确地演唱西部音乐中的特定音调和情感表达，在演奏西部乐器中感受西部音乐所传递的独特情感和文化内涵。通过这样的学习过程，学生将增加对西部音乐的了解，培养音乐鉴赏能力和表现能力，在边思考边学习、边实践边体验中逐渐成为西部音乐的欣赏者和表达者。

2. 第二课时作业

（1）作业设计

序号	作业内容
F2001	课前导学：探索新疆文化，初步了解新疆风土人情、民俗节日等内容，并谈谈它们带给你的感受。
F2002	学习节奏，感受风格。 模仿下面的节奏，分两组，一组拍打节奏，一组律动。 ⬤ X.X X X ｜ ⬤ XXXX X X ｜ ⬤ X.X X X ｜ ⬤ XXXX X X ｜
F2003	聆听音乐：该段音乐描绘了一幅什么画面？乐曲带给你怎样的感受？
F2004	聆听并思考：引子部分有没有我们熟悉的节奏？
F2005	唱一唱第一部分A乐段主题，谈一谈主题曲的情绪。
F2006	边听B乐段音乐边思考：B乐段音乐在速度、力度、音乐情绪上与A乐段音乐有什么不同？
F2007	再次聆听，想一想可用什么色彩表述这段旋律。

续表

序号	作业内容
F2008	对比聆听：A 段与 B 段的区别在哪里？
F2009	了解新疆的特色乐器"手鼓"，并模仿其演奏方式。

（2）设计思考

整堂课的学习重视学生的艺术感知和情感体验，教学过程中运用多种教学方式，通过多种活动和任务让学生不知不觉地参与到音乐活动中。学生通过模唱、朗诵、表演等方式，积极参与课堂的互动和表达，逐渐深入地感受新疆音乐的风格特点。在课堂上，教师通过播放音乐录音、观看音乐演出视频等方式，让学生欣赏不同类型的新疆音乐作品，聆听婉转悠扬的传统维吾尔族音乐，感受豪放磅礴的哈萨克族音乐，体验不同民族音乐的独特魅力。之后，组织学生进行集体合唱或合奏，让他们亲身参与音乐的演奏和表演，从而更加深入地感受到新疆音乐的魅力和独特之处。通过这样的教学设计，学生将不是被动地接受音乐知识，而是积极参与其中，亲身体验音乐的美妙，从而培养良好的音乐感知能力和情感表达能力，增强团队合作和沟通能力。

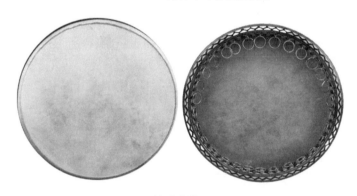

新疆手鼓

组织学生了解新疆的特色乐器"手鼓"并模仿其演奏方式是教学中的重要一环。可让学生带着对新疆音乐的理解和感受，学习手鼓的基本演奏技巧，如击打、拍打、滚动等，以及如何运用不同的节奏和力度来表达音乐的情感。通过手鼓的演奏活动，学生可以更加深入地体会音乐的表达力和创造力，将对新疆音乐的理解和感受转化为具体的音乐表达，在分享自己的作品中与同学们交流和互动，进一步拓展对新疆音乐的认识和理解。

3.第三课时作业

（1）作业设计

序号	作业内容
F3001	课前导学：通过查找网络或图书资料等方式，进一步了解长江三峡和三峡大坝水利工程。
F3002	这首歌曲给你们带来什么样的感受？情绪速度是怎样的？
F3003	找一找歌曲中印象最深或最特别的一句，体验劳动号子中"领众"和"一字一音"的风格特点。
F3004	歌曲的节拍在哪里发生了变化？
F3005	歌曲可以分为几个乐段？怎样划分？
F3006	哪些音符出现次数较多？
F3007	有哪些相似的乐句？运用了什么演唱方式？
F3008	有哪些相似的乐句？运用了什么创作手法？
F3009	按节奏完整朗读歌词，思考歌词节奏有什么特点。
F3010	根据下面的节奏创编声势律动为歌曲伴奏，并设计领唱与齐唱的演唱形式。$$\frac{4}{4}\ \underline{X X}\ \ \underline{X X}\ \ X\ \ X\ |\ X\ \ \ X\ \ \ X\ -\ |$$
Z3011	欣赏下面两首不同的号子，感受工种和传唱环境的不同。 　　四川船渔号子《川江船夫号子》 　　湖南工程号子《打硪歌》

（2）设计说明

本课通过聆听音乐，使学生充分体验蕴含于音乐中的美和丰富情感，并与之产生强烈的情感共鸣。学生将通过模唱、朗读、声势、设计演唱形式等有效教学手段，深入体会劳动号子的"领众"和节奏感强等音乐特征；将学习如何运用声音和表演技巧，将劳动号子中的情感和力量真实地传达给观众。

在最后，我选择了不同的号子作品——四川的《川江船夫号子》和湖南的《打硪歌》，学生将在聆听中感受到四川川江船夫号子中的悠扬和奔放，以及湖南打硪歌中的朴实和坚韧。通过对比，学生可感受工种和传唱环境的不同，了解不同地区的劳动文化和工人精神，从而更加全面地了解劳动号子的多样性和丰富性，激发情感共鸣，培养艺术表达和创造能力，为未来的学习和发展奠定基础。

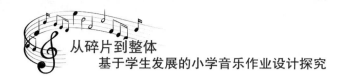

4.第四课时作业

（1）作业设计

序号	作业内容
F4001	通过图书、视频、图片探究西北民歌的发展历程。
F4002	对比聆听：老师播放的曲目是哪些民歌？
F4003	介绍民歌特点。
F4004	介绍山歌特点。
F4005	了解"花儿"。
F4006	歌曲带给你怎样的感受？歌曲的音调、歌词、唱腔分别具有什么特点？
F4007	演唱《上去高山望平川》中的骨干音，加上柯尔文手势，感受青海民歌的风格特点。
F4008	说说你找到的"花儿"的民歌特点。

（2）设计思考

本课将引导学生了解我国不同民族的民歌风格特点，感受歌曲所表达的情绪和情感，为探索并实践"花儿"做铺垫。教师将使用指挥手势来带领学生表现曲调的快慢、轻重、缓急，以加深学生的内在体验程度，并引导他们发现其中特有的韵味。通过这样的教学设计，学生将有机会接触和理解不同地区的民歌风格，培养对民歌的欣赏能力和审美情趣；将学习如何辨别不同地域音乐的特点，如西南地区的激昂奔放、东北地区的豪放淳朴等；将亲身体验和感受这些音乐风格所传递的情感和情绪，进一步加深对民歌的理解和欣赏，促进对音乐的情感和情绪的理解；将通过欣赏和实践不同民族的民歌，感受其中蕴含的文化内涵和民族精神，培养对多元文化的尊重和包容，打开一扇了解世界各地音乐文化的窗口。

5.第五课时作业

（1）作业设计

序号	作业内容
F5001	聆听音乐并观察课本中的曲谱：根据节拍变化作品可以分为几个部分？节拍分别是多少？
F5002	尝试用符号表示不同的乐段。
F5003	分乐段学唱作品。
F5004	挑选自己能吹奏的乐段，和同学分小组学习演奏乐曲。

续表

序号	作业内容
F5005	如果无法胜任口风琴演奏，可挑选双响筒、沙锤、三角铁、铃鼓或其他打击乐器创作节奏，为主旋律伴奏。
F5006	"艺"起"奏"：课余时间寻找小伙伴完成《四季调》合奏任务。

（2）设计说明

本课为"西部风情"单元中唯一一堂"演奏课"，旨在通过学习和演奏当地的民间音乐，让学生初步了解当地的民俗文化和代表性作品，体验西部音乐的独特魅力。在本课中，学生将学习乐曲的演奏技巧、音色控制和表现力的运用，以及乐曲背后所蕴含的文化内涵，有利于对器乐曲进行深入分析，使各人在演奏过程中能够更好地表达内在的情感，而不仅仅是简单地演奏音符；将通过练习和指导，掌握乐曲的细节和演奏技巧，注重音乐的表达和情感的传达；将学会运用音乐元素和演奏技巧表达乐曲所传递的情感和主题。通过这样的教学设计，学生可以更好地理解和欣赏西部地区的音乐文化，培养音乐表达能力和艺术情感，并在演奏乐曲中感受西部音乐所蕴含的热情、豪放和坚韧，体验西部地区丰富多样的民俗文化。这样的学习体验，将丰富学生的音乐知识，拓宽他们的音乐视野，激发他们对音乐的热爱和追求。

发展学生的创新思维是本课的一个重要目标。通过艺术实践学习，学生将有机会发现并解决问题，在积极展示实践成果提升创意实践能力。在学习过程中，学生将面临各种艺术实践的挑战和任务，需要思考如何运用已学的知识和技能，创造出独特的艺术作品。通过自主探索和实践，学生将面对各种问题和难题，需要运用创新思维来寻找解决方案，需要尝试不同的方法和角度思考创造性的解决方案，从而培养创新能力和解决问题的能力。学生通过展览、演出或其他形式，向他人展示他们的创意和实践成果，这不仅是对他们努力的肯定，也是对他们创新能力的锻炼和提升。

在本课中，学生将通过模唱、朗读、声势、设计演唱形式等有效手段，参与音乐活动和表演，展示他们对劳动号子和民歌的理解和表达。通过模仿和表演，学生将深入理解劳动号子和民歌的情感表达和艺术特点，学习如何运用声音和表演技巧将歌曲中的情感和意境真实地传达给观众。在演奏中，学生将通过演奏展示他们对音乐的理解和表达，学习乐曲的演奏技巧和表现力的运用，在不断练习和探索中发展出自己独特的演奏风格，并通过演奏将乐曲所传递的

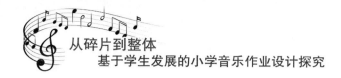

情感和意义传达给观众。他们可能会面临如何提升演唱技巧、如何调整音色、如何与其他演奏者协作等挑战，需要灵活思考和创新解决方案，从而培养他们的创造力和想象力，提升他们的创新思维能力，引导他们成为具有创造力和艺术表达能力的终身学习者。

6. 第六课时作业

（1）作业设计

序号	作业内容
F6001	了解苗、彝等少数民族，分享西南地区音乐的特点。 "飞歌"有什么特点？什么是"芦笙舞"？
F6002	音乐用什么速度表现他们的心情？猜一猜小伙伴的心情是怎样的？哪些音乐要素让脚步发生了变化？
F6003	哼唱 C 主题，在感受"飞歌"特点的基础上边唱边画旋律线。
F6004	感受D主题，想一想：D主题音乐中小伙伴在做什么呢？
F6005	体验芦笙舞。
F6006	随视频跳起芦笙舞。

（2）设计思考

课前，可以让学生通过检索的方式，自主查找西南音乐的特点，帮助他们建立对西南地区音乐的初步印象，增进了解，并激发对西南音乐的兴趣，为之后的课堂教学做好铺垫。学生可以使用查找互联网资源、音乐书籍或咨询音乐专家等途径，了解西南音乐的起源、发展历程、典型乐器和表演形式等方面的知识。通过这样的前置作业，学生将在课堂上更加主动地参与学习，能更好地理解和欣赏西南地区的音乐。这样的教学设计将为学生提供更广阔的视野，丰富他们的音乐知识和文化素养。

在聆听和实践体验的过程中，可以帮助学生边思考边感受西南音乐的风格。首先，在聆听中建立对音乐的感性体验。通过欣赏西南音乐作品，学生感受其中蕴含的情感和特点。他们可以闭上眼睛，全身心地沉浸在音乐中，感受旋律的起伏、节奏的变化以及乐器的声音。通过这样的体验，学生可以更加深入地理解西南音乐的风格和情感表达。接着，通过观摩相关视频，帮助学生初步认识西南特色音乐和舞蹈，了解其表现形式和艺术特点。他们可以观看西南地区的音乐演出和舞蹈表演，观察演奏者和舞者的动作、表情以及舞台布景等元素，进一步感受到西南音乐的独特魅力和艺术风格。最后，在音乐实践和表演中，学生可以总结他们的体验和感受，并加深对西南音乐的理解和感受，尝试演奏一段西南音乐的乐曲，或者参与舞蹈表演，从而深化对西南音乐的认识，尝试表达自己对音乐的感受和理解，展示自己的情感和创造力。这样的教学设计，可以培养学生自主感受音乐、表现音乐的能力，提高他们对音乐的欣赏和表达水平。

课后作业可以通过巩固练习来加深学生对所学西南音乐的理解。学生可以将所学的音乐知识转化为自己的音乐感受，并通过与家人、朋友分享芦笙舞来分享西南地区音乐文化；可以通过知识的回顾、拓展和扩充来深化对西南音乐的理解，激发对我国西南地区音乐文化的喜爱之情；可以通过反复练习，提高演奏的准确性和表现力，进一步感受和体验西南音乐的独特魅力；可以组织校园活动或小型演出，展示他们的演奏成果，让更多人了解和欣赏西南音乐的美妙之处。这样的分享活动不仅可以加深学生对音乐的理解，还可以培养他们的表达能力和合作意识。除了巩固练习和分享活动，课后作业还可以包括对西南音乐知识的回顾、拓展和扩充。学生可以通过阅读相关书籍、观看音乐纪录片、进行互联网搜索等方式，进一步了解西南音乐的历史、特点和演奏技巧；可以

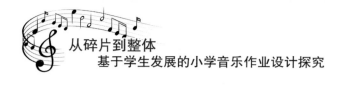
写下自己的学习笔记、总结和感想，加深对西南音乐的认识。

五、单元作业设计

1. 作业内容

（1）选择题（每小题四个选项中只有一个是正确的）

FZ01. 听音乐，请判断这段音乐是哪一种节拍？（　　　）

A. $\frac{3}{4}$ 拍　　　　　B. $\frac{2}{4}$ 拍　　　　　C. $\frac{3}{8}$ 拍　　　　　D. $\frac{3}{4}$ 拍和 $\frac{2}{4}$ 拍

FZ02. 听音乐，请判断该这音乐可以用以下哪种力度记号表示？（　　　）

A. ⟍⟍⟍⟋⟋⟋　　　B. ⟋⟋⟋⟍⟍⟍　　　C. f　　　　　D. p

FZ03. 听音乐，请判断这是哪一个地区的民歌？（　　　）

A. 青海民歌　　　B. 四川民歌　　　C. 江苏民歌　　　D. 山西民歌

FZ04. 听音乐，完成以下两题：

①请判断该段音乐是由哪一种乐器主奏的？（　　　）

A. 钢琴　　　　　B. 琵琶　　　　　C. 二胡　　　　　D. 板胡

②请判断该音乐是我国哪一个民族的音乐？（　　　）

A. 藏族　　　　　B. 汉族　　　　　C. 蒙古族　　　　D. 维吾尔族

FZ05. 听音乐，请判断这段音乐适合哪一种场景？（　　　）

A. 妈妈哄宝宝睡觉场景　　　　　　B. 运动会场景

C. 欢庆场景　　　　　　　　　　　D. 劳动场景

FZ06. 听音乐，选择与所听音乐相符合的图。（　　　）

A. ⬭△⬭◇⬭　　　　　　B. ⬭　△　⬭

C. ⬭　△　◇　　　　　　D. ⬭△⬭◇⬭□

FZ07. 听音乐，请判断这段音乐的演奏形式是哪一种？（　　　）

A. 独奏　　　　　B. 重奏　　　　　C. 齐奏　　　　　D. 合奏

FZ08. 听音乐，请判断这段音乐的演奏形式是以下哪一种？（　　　）

A. 民族打击乐合奏　　　　　　　　B. 民族管弦乐合奏

C. 西洋铜管乐合奏　　　　　　　D. 西洋管弦乐合奏

（2）创编节奏

FZ09. 创编节奏，不抄袭已给出的前面两小节的节奏，且结束小节有结束感。

$\frac{3}{4}$　× × × | × ×　× × |　　　　　|　　‖

FZ10. 请为以下节奏画上小节线和终止线。

$\frac{2}{4}$　×　×× | ××× ××× | ×××× ×·× | ×　－ ‖

FZ11. 用 ×－、××、××× 创编两小节节奏（要求全部用上，并有终止感）。

$\frac{2}{4}$　×·× ×× | ××　× |　　　　‖|　　‖

（3）创编旋律（要求音乐有结束感）

FZ12. 用五声音阶创作四个小节旋律。

1=C $\frac{2}{4}$

　　　　　|　　　|　　　|　　‖

FZ13. 请用同头换尾的方法把下面的旋律补充完整。

1=G $\frac{2}{4}$

5 3　3 5 | 5 5　3 | 5 3　5 1 | 5 － |

　　　　　|　　　|　　　|　　‖

2. 设计思考

本次作业主要考查学生对音乐基础知识的掌握程度。作业中的题目以容易题为主，约占总题目的 57%。这些容易题目的设计旨在帮助学生巩固基础知识，确保他们能够正确回答并加深对音乐知识的理解。通过选择容易题目的方式，作业评价可以提供一个相对轻松的学习环境，让学生在成功回答问题的过程中建立自信心。这样，学生会更积极地投入作业中，并且在巩固基础知识的同时培养对音乐的兴趣和理解。容易题目的设计也有助于学生加深对音乐基础知识

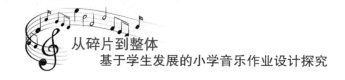
的理解。通过反复练习和回答这些题目，学生可以巩固所学知识，形成扎实的基础，为他们的进一步学习中打下基础，为接下来的探索提供更多可能。除了容易题目，作业中也适度地添加一些难度适中和具有挑战性的题目，以促进学生的思维发展和解决问题能力的提升。整体而言，通过合理设计作业评价，可以帮助学生巩固基础知识，并在音乐学习中取得更好的成绩。

本次作业中约占总题目的 31% 为中等难度题目。这些题目要求学生在基础知识之上进行一定程度的思考和推理。通过这些中等难度的题目，学生能够逐步提升解题能力，培养分析和推理能力。中等难度的题目设计旨在激发学生的思维，要求他们运用所学的知识进行问题的分析和解决。这些题目涉及不同知识点之间的联系和综合运用，需要学生进行一些推理、比较、归纳等思维活动，要求学生将所学的知识进行整合和应用，从而培养他们的逻辑思维和判断能力。通过解答这些题目，学生可以逐渐培养出独立思考和解决问题的能力，建立起对知识的整体性认识。

本次作业中约占总题目的 2% 为难题。这些题目的难度较高，要求学生在深入理解音乐内容的基础上进行综合分析和判断，旨在激发学生的思维能力和解决问题的能力，考验学生对音乐知识的深度理解和应用能力。这些题目要求学生能够将各个知识点进行综合运用，进行深入的思考和分析，从而培养出解决问题思维、创新能力和解决复杂问题的能力。难题的设置也有助于学生培养坚持和克服困难的精神。面对挑战性的题目，学生可能需要花费更多的时间和精力进行研究和解决，然而，当他们成功解答这些难题时，会获得一种成就感和自信心，同时也会明白通过努力和坚持可以克服困难，这对他们的学习和成长都具有积极的影响。

第四节 《民族团结尽歌舞》作业设计案例

一、单元作业设计思路

1.大概念

中华各民族音乐与丰富的民族歌舞融合，在时代互动中不断绽放魅力，于创新中薪火相传。

2.基本问题

（1）不同的民族音乐风格特点与歌舞形式有怎样的联系？

（2）在树立中华文化自信的同时如何让民族音乐更好地发扬？

3.单元学习目标

（1）能用欢快活泼的情绪演唱歌曲《吹起羌笛跳锅庄》；了解民族特色乐器，学跳简单的锅庄舞，感受歌曲与舞蹈的韵律关系；了解羌族民族音乐文化，展现对歌曲情感和风格的深刻理解与感知，激发对民族音乐的热爱之情。

（2）欣赏《阿细跳月》，记忆并哼唱主题旋律，认识乐曲中的竹笛、琵琶等民族乐器及它们各自的音色特点，随乐表现节拍；欣赏管弦乐合奏《瑶族舞曲》，熟悉音乐主题并划分段落，辨别主奏乐器的音色；欣赏《木鼓歌》，感受佤族人民欢快歌舞的场面。

（3）在唱、奏、创、舞等多种音乐活动中，用不同的节奏元素参与节奏的编创，展示出色的音乐表现能力；鼓励学生自信参与，大胆投入，并相互配合，展现个人和团队的创意与协作能力。

（4）通过对《吹起羌笛跳锅庄》和《木鼓歌》等音乐作品的学习与欣赏，加深对我国优秀鼓乐文化的理解与尊重，体验不同民族音乐文化的魅力与内涵。

4.教材分析

本课是人教版《音乐》五年级下册第二单元《五十六朵花》的内容，为重组单元。课堂中以学生为主体，坚持素质教育，激发学生对音乐的浓厚兴趣，提高学生的学习热情，培养学生创造音乐形象的能力。教材的内容由浅入深，循序渐进，从简单的音乐要素入手，通过创新教学方法和手段突出单元主题，图文并茂，并且注重音乐教学活动的开展，在每个单元加入不同的音乐活动。这极大调动了学生学习的兴趣，使学生沉浸其中感受音乐的魅力与乐趣。作业以参与艺术实践和探索研究为手段，培养学生的创新精神和实践能力，引导学生用自己独特的方式学习音乐，培养学生的音乐情感表达力。教材内容贴近学生的现实生活，课上的实践与锻炼增加了学生的信心，在日常生活中有利于培养学生载歌载舞的良好习惯，能对学生产生良好的心理影响，增加生活的乐趣。

5.单元分析与设计思路

本单元为重组单元，相关主题内容在教材中第五次出现，从低年级一直延伸到高年级，持续向学生介绍我国五十六个民族不同的音乐文化，让学生认识到五十六个民族是一家，加强学生民族团结的意识。我国有五十六个民族，五十六个民族大多都能歌善舞，因此音乐、舞蹈种类丰富多彩，是中华民族音乐文化中的宝贵财富。通过学习，学生可以了解民族优秀传统文化，增强民族凝聚力，更好地理解"文化中的音乐"。

本单元涉及四个不同的教学内容，分别对应四首歌曲。歌曲《吹起羌笛跳锅庄》是其中一首，歌中提到的羌笛是流传于我国少数民族地区的民间吹管乐器，声音高亢，略带悲凉。锅庄舞又称为"果卓""歌庄"等，是藏族民间三大舞蹈之一。这首歌运用了民歌中常见"五声调式"的创作手法。

管弦乐合奏《瑶族舞曲》是第二首。这个部分教学分为三个不同的主题，每个主题都凸显出民族特点，表达出不同的情感。瑶族舞曲的节奏特点之一就是加入了富有动感的切分节奏及十六分音符，这种节奏感不仅体现在整体的布局上，还表现在乐曲的细节之中，每一个音符都充满活力和热情，让人忍不住跟着音乐节奏摇摆起来。其中也涉及多种乐器的知识，如二胡、电子琴、笛子、葫芦丝等，可潜移默化地提升学生的音乐素养。

管弦乐合奏《阿细跳月》是作曲家彭修文根据我国云南彝族地区民间音调，运用单主题变化演奏的手法改编创作的民族管弦乐曲，表现了彝族阿细人热情豪放的性格。乐曲音调朴素、结构简练，主旋律只有四小节，共重复十四遍，并采用了新鲜别致的"四五拍"，节奏欢快跳跃，富有动感。全曲巧妙地运用了音色、力度、速度的变化，充分发挥民族管弦乐队的表现力，增添了旋律明快、形象生动的艺术色彩。

还有一首是佤族的《木鼓歌》。在聆听音乐的过程中，可以感受音乐的欢快气息。教师身临其境地带领学生进行模仿打鼓的实践操作，可以提高学生对于歌曲的理解及学习音乐的积极性和主动性。

6. 学情分析

随着科学技术的发展，各种新媒体、新形式的产生，学生通过手机、电视、电脑等多种方式可以欣赏到各式各样的音乐。不同的音乐带给人的感受不同，学生作为独立的个体，有自己的思考方式和兴趣爱好，在生活中接触到的大多是不同风格的流行音乐，对于民族音乐的了解较少。因为了解不多，所以在课堂当中学生的热情并不高，已经不满足于课堂教学上的曲子，对音乐课的兴趣也逐渐减弱。因此，培养学生对于音乐课的兴趣和热情不可懈怠，应努力让学生从心底真心喜欢上音乐并渗透基本的音乐课乐理知识，提高对音乐的欣赏能力，培养正确的歌唱方法与演唱习惯。在学校的活动中，可增加以班级为单位的表演、歌唱等活动，五年级的学生集体意识逐渐增强。五年级学生感知觉属于少年阶段的特点，但视觉和听觉的感受性已发展到一定水平，感知事物的目的性比童年阶段明确，感知事物的精确性也有所改善，因此，在音乐中运用身体律动时应相对提高难度和标准。

7. 作品联系

四首作品都是少数民族具有代表性的，适合五年级学生演唱、聆听和演奏的作品，文化性、地域性音乐风格鲜明。在教材系列单元"五十六朵花"中，学生学习了蒙古族、维吾尔族、藏族等多样的少数民族乐曲。本单元重点结合西南少数民族传统歌舞和特有乐器的特点，引导学生在浸润感知体验中，体验各民族节拍、节奏韵律与舞姿之间的联系，实现对少数民族歌舞节拍知识从"体验—理解—运用"的音乐能力建构。

8. 教学价值

作业的内容根据学生的上课情况、实际发展水平以及最近发展区来进行设计，结合学生在日常生活中的习惯，贴近学生的兴趣和爱好，遵循科学合理的时间安排适量的作业，循序渐进，难易适中。本单元所考察的内容涉及核心素养的达成，旨在提高学生对学习的兴趣，养成学生良好的学习习惯，找到学生适应的学习方法，培养学生乐学、善学的学习态度，挖掘学生的音乐潜力。

二、作业目标设计

1.按内容分类

根据本单元的内容,可分为单元前置作业、单元作业、单元拓展作业。

（1）单元前置作业

即预习。教师通过不同方式查阅西南地区的少数民族相关资料,引导学生了解和掌握我国少数民族的地域环境、服饰特点、音乐与舞蹈的风格特征,并与其他同学交流分享,突出学生主体地位。

（2）单元作业

教师通过演唱、欣赏、音乐游戏、创编舞步等形式,激发学生对音乐学习的热情,感受音乐的韵律和情感,培养他们的音乐听觉与感知能力,提高他们的想象力和创新能力,并在音乐作品的情感共鸣中享受音乐,提升音乐素养,增加对我国优秀民族传统文化的热爱,给音乐作业注入生机和活力,潜移默化地提升学生的音乐鉴赏和审美能力。

（3）单元拓展作业

也叫巩固作业。结合日常生活的体验,了解民族音乐的传统文化,如查找第四套人民币上的少数民族等,增添学习的乐趣,并在掌握知识的同时,将知识转化为技能,落实核心素养。

2.单元作业目标设计与分配

单元作业目标设计与分配如下两表所示。

单元目标设计			
序号	单元目标描述	学习水平	核心素养要素
1	能用欢快活泼的情绪演唱歌曲《吹起羌笛跳锅庄》,了解民族特色乐器;跳简单的锅庄舞,感受歌曲与舞蹈的韵律关系;了解羌族民族音乐文化,展现对歌曲情感和风格的深刻理解与感知,激发学生对民族音乐的热爱之情。	ABC	审美感知 艺术表现 创意实践
2	欣赏《阿细跳月》,记忆并哼唱主题旋律,认识乐曲中的竹笛、琵琶民族乐器及其音色特点,随乐表现节拍的特点;欣赏管弦乐合奏《瑶族舞曲》,熟悉音乐主题并划分段落,辨别主奏乐器的音色。欣赏《木鼓歌》感受佤族人民欢快歌舞的场面。	AB	艺术表现 审美感知

续表

单元目标设计			
序号	单元目标描述	学习水平	核心素养要素
3	在唱、奏、创、舞等多种音乐活动中，用不同的节奏元素参与节奏的编创，从而展示出色的音乐表现能力；鼓励学生自信参与，大胆投入，并相互配合，展现个人和团队的创意与协作能力。	CD	艺术表现 创意实践
4	通过对《吹起羌笛跳锅庄》和《木鼓歌》等音乐作品的学习与欣赏，加深对我国优秀鼓乐文化的理解与尊重，体验不同民族音乐文化的魅力与内涵。	ABD	审美感知 文化理解

说明：学习水平一共分为4级，由低到高分别以字母A、B、C、D表示。A表示知道，B表示理解，C表示应用，D表示综合。

单元目标课时作业分配表					
单元目标序号	课时1	课时2	课时3	课时4	课时5
1		★			★
2	★		★	★	
3	★	★	★	★	
4		★		★	

三、单元前置作业

1.作业内容

 同学们，你们好，我是小花。

 我是小苔，我们学校有很多少数民族的同学。

 是啊，今天他们邀请我们去参加各个民族盛大的节日舞会。

 我都迫不及待想去看看了！

 出发前，我可要考考大家对以下地图中标出的少数民族了解多少？（注：地图略）

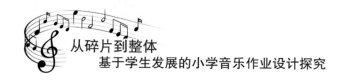
请你通过网络检索、查阅书籍、询问家长等方式查找相应民族的文化特点，并完成下面表格中的空缺部分。

民族	地域环境	服饰特点	音乐特色
羌族	聚居于_____的东部边缘的岷江上游地区，这里山脉重重，地势陡峭。	男女皆穿麻布长衫、羊皮坎肩，包头帕，颜色一般以_____为主。	民歌歌词结构多以_____为主。
瑶族	主要分布在广西、湖南、云南等地，是中国_____比较典型的山地民族。	女生服饰绣有精美的图案和花纹。男生以_____或_____包头。	音乐形式丰富多样，大体分为_____和_____两大类。
彝族	居住地以_____和_____为主，自然条件复杂，植物和动物资源极为丰富。	民族服饰图纹多为_____，以_____为主。传统色彩包括____、____、____三色。	音乐旋律大多_____，音域不高，曲调_____。

2.设计说明

本环节以"音乐之旅"为主线，通过网络检索、查阅书籍等方式来了解我国西南地区部分少数民族的文化传统，提高学生的学习兴趣和求知欲。题目面向全体学生，难度较低。学生经过课前的预习，对我国的少数文化产生浓厚的兴趣，有利于教师在教学过程中讲解民族文化内容，在实际的歌唱活动中提高学生的音乐情绪以及情感体验。

本环节检测学生对民族音乐文化的了解程度，通过查找资料培养学生的自主学习和探究能力，通过音乐之旅培养学生的审美感知、文化理解目标，从而让学生感受民族音乐的魅力和多样性，增强学生的文化自信和国家认同感。

本环节核心素养指向审美感知、文化理解，难易程度为中等，是跨学科型作业。

3.闯关评价

作业内容	1.通过网络检索、查阅书籍、询问家长等方式查找民族的文化特点并完成表格。
评分标准	1.能够大致了解我国西南地区民族地域环境。 2.主动搜索关于我国西南地区少数民族的资料，完成地域环境和服饰特点相关作业。 3.收集资料全面，掌握民族风格特点，表格内容填写正确程度高。

续表

能得几颗星	☆ ☆ ☆ ☆ ☆（为自己能得几颗星涂色吧）	
遇到困难	□请教教师 □上网查找	□同学互帮互助 □观看视频
学习态度	□主动思考 □小组中能够互相帮助	□课堂上认真思考 □上课积极发言
学习能力	□创新能力　　□解决能力 □动手实践能力　□语言表达能力	□想象能力 □自主探究能力
评价说明：请在所完成的闯关活动栏相应"□"内打"√"。		

四、单元作业

1. 第一课时：火舞彝风——《阿细跳月》

让我们背上行囊，向美丽的彝族同胞聚居区出发吧！

（1）作业设计

同学们，我是彝族姑娘"火火"，欢迎你们来到我的家乡参加篝火晚会。彝族主要分布在四川、云南、贵州等地，人口较多，阿细是其中一个支系。我们现在听到的这段旋律叫作《阿细跳月》。让我们听着音乐走进篝火晚会的现场吧！

篝火活动

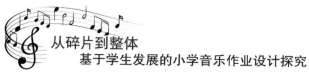

为什么是跳月呢?

问得好!阿细人为了来年丰收,会进行烧荒,在踩灭小火苗时,为了防止被烫伤,踩出了轻快的舞步。

原来是这样,那我们快点加入篝火晚会,开启跳月之旅吧!

小苫,别着急,加入篝火晚会前,请你再次聆听《阿细跳月》,结合音乐动作,思考节拍有什么规律。

我感受到了先三拍后二拍的节拍规律!

是的,《阿细跳月》的节拍很有特色,是由四三拍和四二拍组合而成的四五拍,这与《阿细跳月》的舞步不谋而合,主要以脚步和手部动作为主。

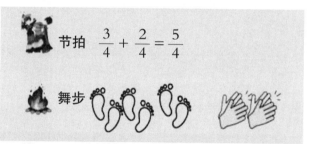

节拍 $\frac{3}{4} + \frac{2}{4} = \frac{5}{4}$

舞步

跳月舞的特别之处就是由5个动作组成一个舞步,前三拍是踩踩踩,后两拍是踢收,构成了五拍。这五拍可是彝族特有的节拍。请和我一起边唱《阿细跳月》边跳,我唱歌词部分,你来唱衬词部分。(下图选自人教版教材)

阿细跳月

1=F $\frac{5}{4}$ 　　　　　　　　　　热情、欢快

5 1 3 1 3 | 5 2 1 | 5 1 3 1 3 | 5 2 1 ‖
太阳 出来 啰 赛咯喂, 月亮 出来 啰 赛咯喂,

5 1 6 1 3 | 5 2 1 | 5 5 3 1 3 | 5 2 1 ‖
阿哥 阿妹 哟 赛咯喂, 跳起 舞来 哟 赛咯喂,

小花，为什么彝家篝火晚会的火苗越蹿越高？

因为背景音乐从开头的器乐独奏，到后面许多民族乐器合奏，让音乐变得更加丰富。

我们彝族盛会的场面越来越热闹啦，篝火晚会上的火苗都越蹿高了呢！同学们，一起跳起来吧！

聆听了民族管弦乐曲《阿细跳月》后，可知民族管弦乐的编制分为吹管组、弹拨组、拉弦组和打击乐组4组，请你分别写出各组的2个代表乐器，并根据音乐经验或上网搜索资料，选出你最喜爱的民族乐器，并把它画出来。

吹管组：（ ）（ ）	我最喜爱的民族乐器
弹拨组：（ ）（ ）	
拉弦组：（ ）（ ）	
打击乐组：（ ）（ ）	

（2）设计说明

本活动的目标是加深对民族管弦乐器的认识，将音乐与美术跨学科相结合，把音乐的创造活动贯穿于艺术实践中，潜移默化地提高实践能力。

本活动旨在检测学生对民族乐器分类的了解程度，通过音乐经验或查找资料、培养学生的自主学习和展示能力。

本活动通过画出喜欢民族管弦乐器，使乐器具象化，更好地培养了学生的音乐审美能力，激发了学生对民族音乐文化的兴趣。通过实践作业，学生在亲身体验中感受节奏、旋律的美，培养了艺术表现力和创意实践能力。

本活动核心素养指向审美感知和创意实践，难易程度为容易，为综合应用型作业。

（3）闯关评价

作业内容	1.了解民族管弦乐的编制分组。 2.写出各组的2个代表乐器。 3.选出你最喜爱的民族乐器，并把它画出来。

评分标准	1.能初步认识民族管弦乐中两类乐器，并用简笔画画出来。 2.能准确识别民族管弦乐三类乐器，绘画内容符合表现形象。 3.能快速识别民族管弦乐，并用画笔勾勒出精美的乐器作品。
能得几颗星	☆ ☆ ☆ ☆ ☆（为自己能得几颗星涂色吧）
遇到困难	□请教教师　　　　　　　　　□同学互帮互助 □上网查找　　　　　　　　　□观看视频
学习态度	□主动思考　　　　　　　　　□课堂上认真思考 □小组中能够互相帮助　　　　□上课积极发言
学习能力	□创新能力　　□解决能力　　□想象能力 □动手实践能力　□语言表达能力　□自主探究能力

评价说明：请在所完成的闯关活动栏相应"□"内打"√"。

2.第二课时：魅力羌韵——《吹起羌笛跳锅庄》

（1）作业设计一

彝家篝火晚会真是热闹非凡，令人念念不忘。小苔，我们下一站是哪里呢？

我国有一个民族被称为"云朵上的民族"。你知道是哪个民族吗？

大家好，我是羌族娃"达达"。羌族居住地大多在四川，我们羌族的寨子建半山腰上，一伸手好像就能碰到云朵，所以被称"云朵上的民族"。

播放歌曲。（音响材料略，歌曲图片选自人教版教材）

吹起羌笛跳锅庄

1=♭E 2/4

羌族民歌
周小泉编词曲

中速稍快 欢快地

(5656 2323 | 5656 2323 | 5656 2123 | 1　1 0) | 5̣　1 |

❶ 吹　起
❷ 吹　起

2161 5̣ | 2　5 | 5323 2 | 2 2 5 5 | 3 321 |

羌笛　哟　　跳　锅　庄啰喂，　羌族人民 喜洋洋，
羌笛　哟　　把　歌　唱啰喂，　羌族人民 喜洋洋，

（接前页）

6 6 2 6 | 5 5 0 | 5 5 1 1 1 | 2 1 6 1 5 | 2 5 |

喜呀喜洋 洋 呃。 在这 祖国的 土地上， 生 活
喜呀喜洋 洋 呃。 在这 欢腾的 节日里， 心 情

彝族音乐中有独特的节拍。我也要考考你们，这首羌族歌曲是几拍的？

哈哈，我听出来了，是欢快的四二拍。

耳朵可真灵哦！不同的民族有不同的节拍、不同的舞步，跟着我来感受盘王节的热闹吧。对了，它可是被列入我国非物质文化遗产名录了呢！

达达，歌曲中唱到"吹起羌笛跳锅庄"，我很好奇，什么是羌笛？什么是锅庄呀？

哈哈，让我来一一介绍，你们瞧，下面就是羌族的传统乐器——羌笛，羌族人常用它来表达情感。它可是我国非物质文化遗产呢！

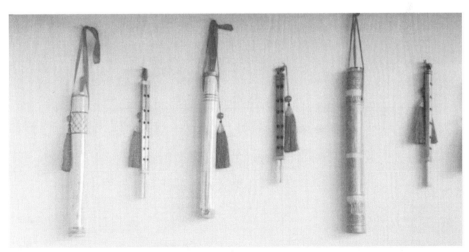

羌笛

锅庄舞是羌族特色的舞蹈，每逢节日，不论男女老少都会高兴地跳起锅庄舞，他们手拉手围成圈，队伍按顺时针方向行进。

第九届中国锅庄舞展演场景（图片选自活动官网）

聆听歌曲《吹起羌笛跳锅庄》（音响材料略），阅读前面的歌谱，并仔细观察图形谱范例，试着在下列方框中空白处画出剩余乐句旋律线。做完后想一想：在旋律线中，你发现了什么秘密？

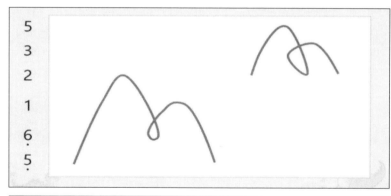

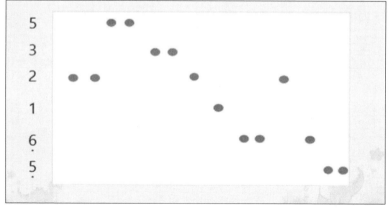

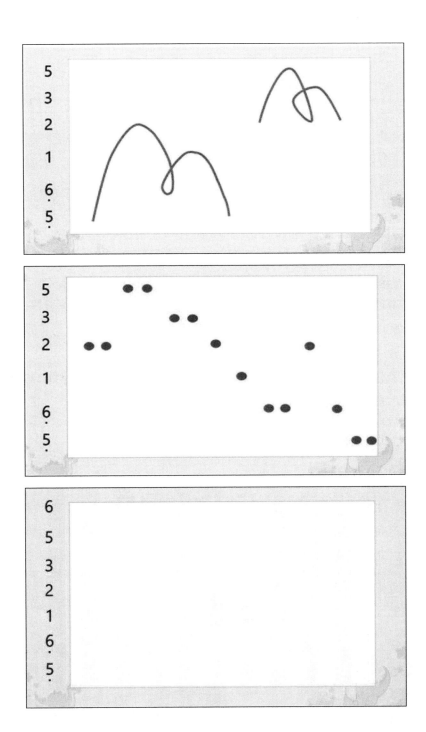

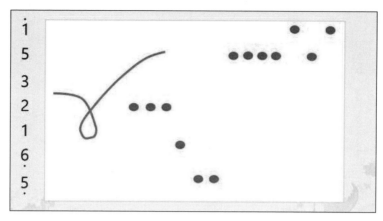

我发现《吹起羌笛跳锅庄》一共有 ＿＿＿ 个乐句，其中一三乐句是
＿＿＿，二四乐句是 ＿＿＿。

（2）设计说明一

本环节通过画旋律线让音乐从无形变有形，便于学生理解与学习。画线中分析音乐旋律的走向、音乐要素，感受歌曲乐句，提升音乐能力与音乐表现力，为探究拓展型作业做铺垫。

本环节将检测学生对音乐的感知力、创造能力，通过画旋律线的方法，用视觉呈现，直观感受音乐乐句的关系，明晰歌曲结构。

本环节核心素养指向为审美感知、艺术表现、创意实践，为综合应用型作业，难易程度为中等。

（3）闯关评价一

作业内容	1.聆听歌曲，在方框中空白处画出剩余乐句旋律线。 2.感受乐句并完成填空题。		
评分标准	1.能大致画出旋律线。 2.能感受到音乐的起伏变化，用线条表现出来。 3.对音乐要素有较准确的理解，能在方框中画出合适的旋律线，准确理解乐句与乐句之间的关系。		
能得几颗星	☆ ☆ ☆ ☆ ☆（为自己能得几颗星涂色吧）		
遇到困难	□请教教师　　□同学互帮互助　　□上网查找　　□观看视频		
学习态度	□主动思考 □小组中能够互相帮助		□课堂上认真思考 □上课积极发言
学习能力	□创新能力 □动手实践能力	□解决能力 □语言表达能力	□想象能力 □自主探究能力
评价说明：请在所完成的闯关活动栏相应"□"内打"√"。			

（4）作业设计二

相信聪明的你们已经学会这首歌曲了。参加活动我们还需要会跳锅庄舞，请找到你的伙伴，分小组手拉手围成圈一起感受锅庄舞的魅力吧！

锅庄舞基本舞步：

①颤膝动律　　　　②碎踏颤膝动律　　　　③碎踏单摆臂

④一步一点交替划手　　　⑤碎踏画圈，点踏撩手

　　请同学们分若干小组，每20人为一组，手拉手围成圈随音频创编简单版锅庄舞，并跳一跳。

（5）设计说明二

　　本环节通过一起合作跳锅庄舞培养学生思考问题、解决问题的能力，提升学生艺术表现力和创意实践能力，培养学生在音乐实践的过程中相互合作的能力，同时加深对民族音乐文化的理解和尊重。

　　本环节通过学生创意表演的设计实施，检测学生对锅庄舞步的掌握程度、

自主学习能力和团队协作能力的运用情况，以及他们在艺术表现和创意实践方面的实际水平。学生在参与锅庄舞的过程中，通过表演展示自我，提升自我在音乐领域内的表现力和创造力。通过实践，学生能够更深入地理解和感受民族音乐文化的独特魅力，培养创意实践能力，加深对羌族文化的理解，尊重并传承多元文化。

本环节为探究拓展型作业，难易程度为中等。

（6）闯关评价二

作业内容	编创统一锅庄舞步，让队形按顺时针进行。
评分标准	1.积极思考，主动创编。 2.大致了解锅庄舞的舞步，能主动编创舞步，并加以完善。 3.对锅庄舞有深刻的认识，创编适合的舞步使队形按照顺时针进行，并找伙伴随音乐感受舞步的韵律。
能得几颗星	☆ ☆ ☆ ☆ ☆ （为自己能得几颗星涂色吧）
遇到困难	□请教教师 □同学互帮互助 □上网查找 □观看视频
学习态度	□主动思考 □课堂上认真思考 □小组中能够互相帮助 □上课积极发言
学习能力	□创新能力 □解决能力 □想象能力 □动手实践能力 □语言表达能力 □自主探究能力
评价说明：请在所完成的闯关活动栏相应"□"内打"√"。	

4.第四课时：瑶寨欢歌——《瑶族舞曲》

大家好，我是瑶族阿妹瑶瑶。欣赏完羌族的歌舞，我也迫不及待地想带领大家体验瑶族欢庆节日的歌舞场面。

（1）作业设计一

月光下，瑶寨的人们随着鼓声从四面八方汇集而来。你听出引子部分是由什么乐器拨奏模拟瑶族长鼓的敲击声吗？（音响材料略。乐曲图片引自人教版教材）

听一听A主题，你能听出乐句中加入了哪些乐器吗？

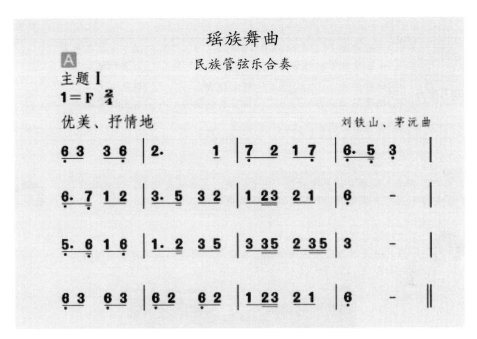

聆听 A 主题并思考问题：它有几个乐句？乐句中分别加入了哪些乐器？

（2）设计说明一

音乐是听觉艺术，音乐艺术的一切实践都必须依赖于听觉，通过趣味游戏，熟悉并记住 A 主题，感知音乐音响特征对音乐表现的内容。塑造音乐形象，可以使学生的抽象思维进一步得到提升，对于基础课程学习也有帮助。

学生通过聆听音乐感受音乐，辨别 A 主题的主奏乐器音色，并展开联想与想象，自主思考，养成善于思考的习惯，同时激发对音乐感受的认知能力。

本作业通过对瑶族舞曲 A 主题的欣赏与学习，提升学生的音乐审美感知能力，培养学生对多元文化的欣赏与尊重。

本作业为综合应用型作业，难易程度为简单。

（3）闯关评价一

作业内容	聆听A主题，辨别A主题四个乐句加入哪些乐器。	
评分标准	1.学习积极性强，能听辨出2种主奏乐器。 2.能听辨出4种乐器并选择合适的贴纸。 3.能对民族乐器有敏锐的感知度，能快速选择出相对应的乐器。	
能得几颗星	☆ ☆ ☆ ☆ ☆（为自己能得几颗星涂色吧）	
遇到困难	□请教教师 □上网查找	□同学互帮互助 □观看视频

续表

学习态度	□主动思考	□课堂上认真思考	
	□小组中能够互相帮助	□上课积极发言	
学习能力	□创新能力	□解决能力	□想象能力
	□动手实践能力	□语言表达能力	□自主探究能力
评价说明：请在所完成的闯关活动栏相应"□"内打"√"。			

（4）作业设计二

看来，音乐与民族文化息息相关。听着优美的《瑶族舞曲》，我仿佛看到了姑娘们婀娜多姿的舞态！咦，这是什么声音？

它叫瑶族长鼓，鼓身细长，呈两个倒接的喇叭状，属于瑶族拍击膜鸣乐器。它是瑶族传统民间舞蹈"长鼓舞"的伴奏乐器和主要道具呢！

瑶族长鼓

敲击瑶族长鼓时，鼓手左手握住长鼓的鼓腰上下翻转，右手随之拍击节奏，边舞边击。

在稳定拍下，学生按节奏敲击课桌两侧，模仿瑶族长鼓的演奏进行体验。

瑶族舞蹈动作有跳、蹲、坐、转、翻、仰等基本舞步。

长鼓舞

长鼓节奏还能搭配怎样的舞姿呢?

　　瑶族长鼓和曼妙的舞姿拉开了晚会的序幕,当 A 主题出现时,你想踏着怎样的舞步走进晚会的现场?

　　阿拉伯数字代表的是舞步的方位与顺序,请同学们和我一起为舞会创编舞步吧!

 我的舞步口诀是"73 73 62 2、37 37 48 8",你也来尝试编创吧!

<u>××</u>　<u>××</u>|<u>××</u>　×|<u>××</u>　<u>××</u>|<u>××</u>　×|

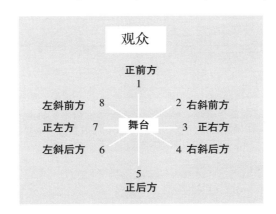

　　(5)设计说明二

　　本环节通过为《瑶族舞曲》创编舞步熟悉节奏元素,参与节奏的编创活动,调动学生的积极参与意识,培养学生创造精神与实践能力,同时加深学生对瑶族典型节奏的感受与理解。

　　本环节通过节奏编创与创编舞蹈,检测学生的创意实践能力,加深学生对《瑶族舞曲》的音乐感性特征和审美特质的感知。

　　本环节核心素养目标有艺术表现、创意实践和文化理解。艺术表现方面,通过创编舞步并自信表现,提高学生的音乐表现能力,以准确地演绎瑶族舞曲的旋律和节奏。创意实践方面,鼓励学生在设计舞步时发挥创意,为瑶族舞曲注入新的活力和个性。文化理解方面,通过对瑶族舞曲的学习和实践,增进学生对瑶族文化的理解和尊重。

　　本环节为综合应用型作业,难易程度为中等。

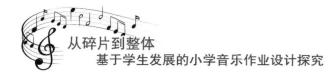
（6）闯关评价二

作业内容	为A主题设计入场舞步和节奏，并随音乐表演，感受民族魅力。
评分标准	1.能创编简单节奏。 2.能编创简单舞步，随乐曲速度进行表演。 3.能跟随音乐情感，舞姿大方，表现自然。
能得几颗星	☆ ☆ ☆ ☆ ☆（为自己能得几颗星涂色吧）
遇到困难	□请教教师　　　　　　　　　　□同学互帮互助 □上网查找　　　　　　　　　　□观看视频
学习态度	□主动思考　　　　　　　　　　□课堂上认真思考 □小组中能够互相帮助　　　　　□上课积极发言
学习能力	□创新能力　　　□解决能力　　　□想象能力 □动手实践能力　□语言表达能力　□自主探究能力
评价说明：请在所完成的闯关活动栏相应"□"内打"√"。	

4.第四课时：阿佤新歌《木鼓歌》

（1）作业设计

大家好，我是阿佤妹妹"咚咚"，欢迎你们来到我的家乡做客。在佤族人心中，有一个神奇的打击乐器，敲响它能给人们带来幸福安康。它就是木鼓。

木鼓

木鼓是佤族等少数民族人民使用的民间乐器，佤语称"库洛""克拉"。历史久远，形状古朴，鼓槌可以相互敲击，也可以敲击木鼓。小花，请你尝试敲击木鼓感受它吧。

哇，原来敲击木鼓不同的部位，声音也会发生变化，有"砰砰""咚咚""隆隆"等声音。

打木鼓时用的两根鼓槌，长约 40—43 厘米，两头粗、中间细，有点像平时见到的哑铃。打鼓的时候，用手握着槌中部，一边跳舞，一边敲击木鼓两侧，木鼓就会发出"咚咚"的声音。也可以鼓槌相互击拍，发出"砰砰"的声音。

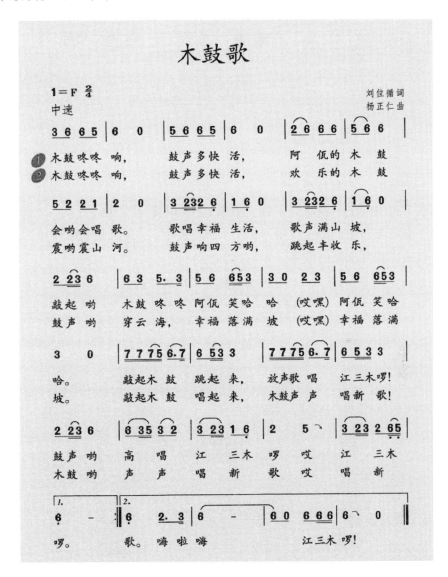

请欣赏歌曲《木鼓歌》（音乐材料略。歌曲图片选自人教版教材），它主要用了"3、6、5"三个音。这三个音是佤族音乐中常用的三个音，最能体现佤族音乐的风格。

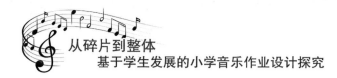

 是哪些特色节奏使木鼓敲击起来富有动感呢？

$\frac{2}{4}$ X X X X　X．X｜X X　X　｜X X X X　X．X｜X X　X　｜

咚咚咚咚　咚．咚　咚咚　咚　　咚咚咚咚　咚．咚　咚咚　咚

你快来尝试用手拍一拍、唱一唱吧！

"一声鼓响，风调雨顺。"

"二声鼓响，国泰明安。"

"三声鼓响，四海升平。"

请在方框里编创一段欢庆丰收、祈福平安的木鼓舞节奏，并配以表演。

请注意标出打击的部位，用"×""〇"表示。"×"代表鼓棒相互敲击，"〇"代表鼓槌底部敲击鼓身。

例：

	一声鼓响	风调	雨顺
	×× 　××	×××	××
	× 　〇	×	〇

（2）设计说明

本环节通过"木鼓音乐节"活动，让学生深入了解木鼓的历史和文化背景，体验《木鼓歌》的艺术魅力，培养对民族音乐的热爱之情和欣赏能力，激发创造力和表演欲望。

本环节将检测学生对木鼓音乐的理解程度，对节奏的模仿和表演能力，以及通过创作展示个人的创意和审美能力。

通过此次活动，学生将提升审美感知能力，感受民族音乐的韵律美；增强

艺术表现能力，在模仿和创作中展示个人音乐才华；激发创意实践能力，发挥想象力和创造力；深化文化理解能力，理解木鼓音乐的文化内涵和历史背景。

本环节为综合应用型作业，难易程度为较难。

（3）闯关评价

作业内容	请你为"木鼓音乐节"编创欢庆丰收、祈福平安的木鼓节奏为歌曲伴奏。		
评分标准	1.能分辨不同位置的鼓声不同。 2.用简单的节奏随音乐完成表演。 3.编创适合的节奏并能熟练地为歌曲伴奏。		
能得几颗星	☆ ☆ ☆ ☆ ☆（为自己能得几颗星涂色吧）		
遇到困难	□请教教师 □上网查找		□同学互帮互助 □观看视频
学习态度	□主动思考 □小组中能够互相帮助		□课堂上认真思考 □上课积极发言
学习能力	□创新能力 □动手实践能力	□解决能力 □语言表达能力	□想象能力 □自主探究能力
评价说明：请在所完成的闯关活动栏后面打☆。			

五、单元拓展作业

本次作业为第五课时作业，对应拓展课"民族情 一家亲"。

1.作业设计

五十六个民族五十六朵花，各民族文化都值得我们了解。下面，让我们对天山脚下的维吾尔族、头戴银饰的苗族、雪域高原的藏族做些了解吧。

知识链接：

维吾尔族同胞主要聚居在新疆维吾尔自治区天山以南的喀什，男子喜穿长袍，用腰带扎腰；妇女多在宽袖的连衣裙外套上对襟背心。维吾尔族传统节日有肉孜节、古尔邦节、初雪节等。维吾尔族舞蹈史诗"十二木卡姆"等闻名中外。维吾尔族民间乐器有"达甫（手鼓）""都他尔"和"热瓦甫"等。

知识链接：

苗族同胞主要聚居于贵州省东南部。苗族是个能歌善舞的民族，尤以飞歌、情歌、酒歌享有盛名。芦笙是苗族最有代表性的乐器。苗族服饰达一百三十多种，可以同世界上任何一个民族的服饰相媲美，苗族"跳花节"是以吹芦笙伴歌舞为主要特色的文化盛会，同时也是苗族服饰精彩展示的大好时机。

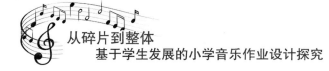
知识链接:

　　藏族同胞主要分布于青藏高原。藏袍是藏族的主要服装款式,种类很多,从衣服质地上可分锦缎、皮面、氆氇、素布等,藏袍花纹装饰很讲究。藏戏独具特色,歌曲和舞蹈充分体现了藏民族风格。献哈达是藏族待客规格最高的一种礼仪,表示对客人热烈的欢迎和诚挚的敬意。

　　请同学们查一查,第四套人民币1角到5元一共6个正面上12个民族代表的肖像分别属于哪个民族?

从人民币上我看到了我国多彩的民族文化。

　　我们的每个民族都有自己灿烂的文化,在祖国温暖的大家庭里,各民族同胞不论身在何处,都亲如一家。

　　2.设计说明

　　本环节学习了不同民族音乐特点以及民族传统乐器,最主要的是向学生传递民族一家亲的理念。

　　本环节检测了学生对中华民族文化的理解,也检验了学生获取信息和学习新知识的方法。

本环节的核心素养目标为文化理解，旨在通过对中国民族音乐文化的学习和实践，让学生更深入地了解不同民族的文化特色和历史背景，增强学生的文化自觉和文化自信。

本环节作业为综合应用型作业，难易程度为中等。

六、特色阐释

本单元设计依据新课标中"突出素养导向，促进核心素养的转化与落实""强化学生主体，推动艺术课程育人方式变革"的课程理念落实育人目标的作业宗旨，作业内容根据学生的上课情况、实际发展水平以及最近发展区来进行设计，学生在教师的引领下感受"深度学习""体验式学习""协作式学习"。本系列单元让学生认识到五十六个民族是一家，加强了学生民族团结的意识，所考察的内容涉及核心素养的达成，培养乐学善学的学习态度，以及了解各民族能歌善舞的传统是中华民族音乐文化中的宝贵财富。通过欣赏、感知、体验、创造、合作等方式，学生了解了民族优秀传统文化，增强了民族凝聚力，感受了"文化中的音乐"。

本单元为重组单元，秉承循序渐进的原则，逐步提高学生音乐实践能力。在内容选择上，它涵盖了西南地区少数民族不同的音乐文化，让学生领略到音乐的多样性和丰富性。例如，羌族音乐独特的旋律和节奏，让学生感受到来自高原的深邃与神秘；瑶族音乐则以婉转悠扬的旋律，引领学生进入自然的怀抱；而木鼓音乐以激越奔放的节奏，让学生感受到生命的活力和力量。

在题目类型上，设计了基础型作业、综合应用型作业、探究拓展型作业等类型。基础型作业，通过让学生欣赏彝族歌曲，引导他们感受音乐的韵律和情感，培养他们的音乐听觉与感知能力。综合应用型作业，将音乐作品与各民族节日进行关联，有助于学生在情境下发挥联想与想象，提高学科知识，培养综合应用能力，发展创意实践素养。探究拓展型作业，通过小组合作引导学生积极参与音乐问题并积极探讨，提高学生发现问题、迁移问题与解决问题的能力，在互相学习和交流中加深对民族音乐文化的理解和尊重。

在难度设计上，遵循循序渐进的原则。初级阶段，注重培养学生的音乐感知能力；中级阶段，引导学生尝试创作和表演；高级阶段，则鼓励学生阐述各民族的文化进行交流，将民族音乐与其他文化相结合，形成独特的艺术风格。

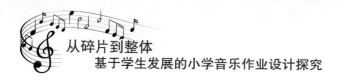
本次作业和练习案例注重培养学生的创新思维和实践能力，以育人为主，学生在欣赏和创造音乐的过程中不断提升自己的音乐素养，在深入了解和感受民族音乐中更加珍视和尊重多元文化，从而更好地理解"音乐中的文化"。

第六章

未来展望

　　小学音乐作业设计具有重要的意义。首先，它能够培养学生的情感表达能力。通过音乐作业设计，学生可以通过音乐表达自己的情感和思想，培养情感表达的能力，更好地理解和表达自己的情感。其次，它能够促进学生对学科知识的掌握。音乐作业设计可以帮助学生巩固和应用所学的音乐知识，加深对音乐理论、技巧和演奏的理解，提高对音乐的认知和掌握程度。再次，它能够促进学生创新能力的培养。

　　前面各章通过对基于学生发展的小学音乐作业设计的研究，从小学音乐作业设计面临的挑战、小学音乐作业设计的现状以及小学音乐作业设计的意义三个方面进行了详细论述。在小学音乐作业设计方面，面临着一些国家政策层面的挑战。首先，教育部提出了增加学生的文化自信的要求。这意味着音乐作业设计需要注重培养学生对中国传统音乐文化的理解和欣赏能力，使学生对中华文化传统有更深的认知和自信心。其次，"双减"政策的影响也对小学音乐作业设计提出了挑战。随着减负政策的实施，学生的课业负担得到了一定程度的缓解，因此，音乐作业设计需要更加注重合理安排任务和时间，避免给学生过多的压力。再次，新课标对作业的要求也对音乐作业设计提出了新的挑战。新课标强调培养学生的创新思维和实践能力，因此，音乐作业设计需要更加注重培养学生的创新能力和实践能力，使学生能够灵活运用所学知识进行创造性的音乐表达。

　　在小学音乐作业设计中，应注重培养学生的情感表达能力、促进学生对学科知识的掌握、培养学生创新能力、培养学生的自我管理能力、加强学生的合作精神以及培养学生的实践能力。在基于学生发展的小学音乐作业设计策略中，应减轻学生负担，提升作业质量，结合当地文化资源进行作业设计，充分利用信息技术，设计探究型、开放型小学音乐作业。

　　根据以上观点，基于学生发展的小学音乐作业设计将继续朝着更加个性化、综合性和创新性的方向发展。主要有以下趋势：

一、注重个性化发展

　　未来小学音乐作业设计将注重学生的个性化发展。个性化定制作业设计将

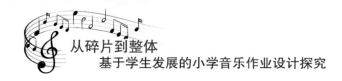
成为一种趋势，以满足学生在音乐学习中的不同需求和潜力。小学音乐作业设计将更加关注学生的兴趣、能力和学习风格。教师将与学生和家长密切合作，了解每个学生的兴趣爱好和音乐方面的优势。通过与学生、家长的交流和自身的观察，教师能够更好地了解学生的音乐偏好、技能水平和学习方式。基于这些信息，教师将能够为每个学生量身定制作业，使他能够在音乐学习中发现自己的兴趣点和优势。

个性化作业设计的一个重要目标是激发学生对音乐的热情。例如，对唱歌有兴趣的学生，教师可以设计一些与歌唱技巧相关的作业，如唱歌练习、歌曲演唱等；对乐器演奏感兴趣的学生，教师可以提供乐器学习的机会，并设计相应的练习和表演任务。个性化作业设计需通过多样化的任务和活动来培养学生的创造力和表达能力。学生可以根据自己的兴趣和想法，进行音乐创作、编曲或编舞等活动，展示自己的才华和创意。教师可以提供相关的指导和资源，帮助学生展现创意，并在作业中体现个性化。

个性化作业设计极其注重学生的学习风格。不同学生有不同的学习偏好，有些学生更喜欢通过视觉方式学习，有些学生则更喜欢通过听觉方式学习，教师应根据学生的学习风格，为他们提供相应的作业任务和学习资源，以帮助他们更好地理解和掌握音乐知识。对于偏好视觉学习的学生，教师可以设计一些图表、图像或视频来呈现音乐概念和技巧。这样的作业任务可以帮助他们通过观察和分析来理解音乐的结构和表达方式。对于偏好听觉学习的学生，教师可以提供音频资源，如音乐录音或音频讲解，让他们通过聆听和反复练习来掌握音乐技巧和表演技巧。通过个性化作业设计，每个学生都将有机会发展自己的音乐才能，能够在自己感兴趣的领域中深入学习，并展示自己的才华。这不仅会增强学生对音乐的兴趣和投入度，还会提高他们的学习动力和自信心。

个性化作业设计还鼓励学生在音乐学习中发挥创造力。教师可以设计一些开放性的作业任务，鼓励学生自由发挥，创作自己的音乐作品或进行即兴演奏。这样的作业设计能够激发学生的创造力和表达能力，培养他们的音乐创新思维。

总而言之，未来的小学音乐作业设计将更加注重学生的个性化发展，使每个学生都有机会在音乐学习中展现自己的才能，享受音乐带来的美妙体验。

二、注重综合能力培养

　　未来小学音乐作业设计注重综合能力的培养，可帮助学生更全面的发展。综合能力是指学生能够综合运用所学知识和技能解决问题的能力，对他们的成长至关重要。在未来的小学音乐作业设计中，将涵盖音乐知识、技能和表达能力等多个方面，学生不仅需要学习音乐的基本知识，如音符、节奏、音阶等，还需要培养演奏乐器、合唱、创作音乐等技能。通过学习乐器演奏，学生可以培养自己的音乐表达能力和感知能力，将有机会学习钢琴、小提琴、吉他等各种乐器，以及学习如何运用这些乐器演奏出美妙的音乐。学生还将有机会参与合唱团或合唱小组，学习如何与他人合作，共同演唱出和谐的声音，从而培养团队合作、协调和表达自己等能力。在音乐作业设计中，还将鼓励学生进行音乐创作，可以通过作曲、编曲等方式来表达音乐想法和情感。进而，学生还将有机会参与音乐表演，展示自己的才华和技巧，可以在校园活动或其他演出活动中展示自己的音乐作品，与观众分享音乐的美妙。

　　综合性的作业设计将鼓励学生跨学科思维，将音乐与其他学科进行有机结合，以拓宽他们的视野和思维方式。这样的设计不仅能够加深学生对音乐的理解，还能够培养他们的创造力和探索精神。如将音乐与科学相结合，学生可以探索声音的传播和共鸣原理，在实验中研究不同材料对声音的吸收和反射效果，或者通过制作简易乐器来理解声音的产生和共鸣原理。通过这样的作业设计，学生能够将理论知识与实践相结合，培养科学思维和实验能力，激发创造力和探索精神。由此，学生将不再局限于单一学科的学习，而是能够将不同学科的知识和技能进行有机融合，在未来的学习和生活中得到更加全面的发展。

　　通过综合能力的培养，学生将能够在音乐学习中获得更全面的发展。他们将不仅仅局限于学习音乐的理论知识，而是能够将所学知识和技能应用到实际情境中，解决问题并展示才华。这种综合性的学习体验将使学生更加全面地理解和欣赏音乐，培养他们的创造力、合作精神和解决问题思维。通过综合能力的培养，学生能够将音乐知识和技能与其他学科相结合，创造出更加丰富多样的音乐作品，从而不仅仅是音乐的学习者，更是音乐的创造者和表达者。

三、注重创新性和实践性

未来小学音乐作业设计将注重创新性和实践性。创新和实践作为培养学生创造力和实际能力的重要途径，对于他们的音乐发展至关重要。未来的小学音乐作业设计将鼓励学生进行创造性的音乐表达和实践活动，学生将有机会通过创作音乐作品、编曲、改编等方式展示自己的创意和才华，可以尝试使用不同的乐器、声音效果和节奏来创作独特的音乐作品表达自己的情感和想法。

在创新性的作业设计中，学生将受到启发去探索和发现音乐的无限可能。他们将被鼓励去尝试新的音乐元素、技巧和结构，去创造出独特的音乐作品。学生可以运用他们所学的音乐知识和技能，将不同的音乐元素融合在一起，创造出独特的音乐风格。这样的创新性作业设计将培养学生的创新思维和表达能力，激发他们对音乐的热情和探索精神。通过创新性的作业设计，学生将学会突破传统的音乐观念和方式，勇于表达自己的想法和情感；将被鼓励去思考音乐的意义和目的，去探索不同的音乐风格和流派。这样的作业设计将培养学生的审美意识和表达能力，让他们在音乐创作和演奏中展现出独特的个性和风格。

实践性的作业设计将帮助学生将所学知识和技能应用到实际情境中，如校园活动、音乐比赛等，从而提升他们的音乐能力。通过实践活动，学生将能够更深入地理解音乐的演绎过程和舞台表现技巧。参与音乐活动和项目将给学生提供展示自己才能的平台，他们将有机会与其他音乐爱好者一起合作，共同创造出精彩的音乐作品，并在与他人的合作中学会协调与沟通，培养团队合作精神和集体意识。实践性的作业设计还将锻炼学生的舞台表现技巧，他们将有机会在校园活动、演出等场合展示自己的音乐才能。通过实际的舞台表演，学生将学会舞台礼仪、表演技巧，学会如何与观众建立联系，学会如何充分展现自己的音乐理念和情感，从而提高他们的表达和演绎能力。通过实践活动，学生能够将所学的音乐知识和技能应用到实际情境中，在实践中不断提升音乐水平。

通过注重创新性和实践性的作业设计，学生将能够在音乐学习中获得更丰富的体验和成长，将不仅仅局限于传统的音乐学习方式，而是能够通过创新和实践来发展音乐才能，为将来的音乐发展打开更广阔的道路。

四、加强信息技术的应用

未来小学音乐作业设计将积极引入信息技术，为音乐教育带来更多的可能性，为学生提供更丰富多样的学习资源和交流平台。

信息技术的应用将为学生提供更加便捷和灵活的学习方式，在音乐作业设计中发挥重要作用。通过在线学习平台，学生可以随时随地访问音乐学习资源，如音乐教程、演示视频、音乐练习等。这将使学生的学习渠道更加广阔，可以根据自己的兴趣和需求进行自主学习。学生可以根据自己的节奏和学习进度，选择适合自己的学习资源进行学习，提高学习的效果和效率。

信息技术将促进学生之间的远程合作和交流。学生可以通过音视频会议工具与其他同学、老师或音乐专家进行远程交流和合作，一起创作音乐作品，分享音乐表演，互相学习和借鉴。这种远程合作将打破地域限制，让学生能够与来自不同地方的同龄人一起学习和交流，与其他具有不同音乐背景和风格的学生合作，拓宽自己的音乐视野，互相激发灵感和创造力。他们可以分享自己的音乐作品，接受来自其他学生的反馈和建议，从中获得成长和进步。学生还可以与教师、音乐专家进行远程交流，向他们请教和学习，提高自己的音乐技巧和理解。远程合作和交流还将培养学生的跨文化交流能力和全球意识，促使他们成为具有全球视野的人。

虚拟现实技术的应用则将丰富音乐学习的体验。学生可以通过虚拟现实设备，身临其境地参与音乐演出、观看校园活动，感受不同音乐场景的氛围和情感，激发兴趣和参与度，增强对音乐的理解和欣赏能力。通过虚拟现实技术，学生可以沉浸在一个逼真的音乐环境中，观看音乐家的演奏，近距离观察他们的技巧和表演风格；可以选择不同的视角和位置，体验不同乐器的演奏过程，深入了解音乐创作和表演的细节。这种身临其境的体验将使学生更加投入和专注，提高他们对音乐的感知和理解。虚拟现实技术也可以为学生提供参与音乐演出的机会。学生可以通过虚拟现实设备模拟各种乐器的演奏，与虚拟乐团或虚拟合唱团一起演奏音乐作品；可以与虚拟音乐家进行互动，共同创造出美妙的音乐。这种参与式的学习体验将培养学生的演奏技巧和音乐表达能力，增强他们的音乐自信心。虚拟现实技术还可以带学生探索不同音乐场景和风格。通过虚拟现实设备，学生可以身临其境地参观著名的音乐厅、音乐学院或音乐博物馆，了解不同文化背景下的音乐传统和历史；可以参与音乐创作的过程，体验不同

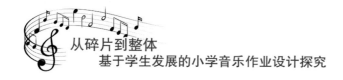
音乐风格的特点和技巧。这将丰富学生的音乐视野，培养他们对多样性音乐的欣赏和理解能力。

通过积极引入信息技术，未来的小学音乐作业设计将为学生提供更多的学习机会和创作空间。学生可以借助信息技术的力量，自主学习、合作创作，拓宽自己的音乐视野和技能；可以利用在线学习平台随时随地访问丰富的音乐学习资源，如音乐教程、演示视频、音乐练习等，并根据自己的兴趣和需求或按照自己的节奏和进度进行学习；可以利用音视频会议工具与其他同学、老师或音乐专家进行远程合作和交流，一起创作音乐作品，分享音乐表演，互相学习和借鉴。这种合作创作将激发学生的创造力和想象力，培养他们的合作精神和团队意识。信息技术的应用还将提升学生的信息素养和技术能力。学生将学会有效地获取、评估和利用音乐相关的信息，将学会使用音乐软件和工具进行音乐创作和编辑，从而提高音乐技能和表达能力。

总之，未来的小学音乐作业设计将更加关注学生这学习主体，关注政策变化，关注跨学科视野和核心素养培育，关注科技的发展。教师作为教学活动中的引导者，一定要与时俱进。